SUITE

DES LETTRES

A M. LE MARQUIS DE ***

SUITE
DES LETTRES SECRETES,

Sur l'état actuel de la RELIGION &
du CLERGÉ DE FRANCE, à
M. le MARQUIS de *** ancien
Meſtre-de-Camp de Cavalerie, retiré
dans ſes Terres.

LETTRE V.
A Paris, le .... 1782.

JE voulois vous mettre au courant, Monſieur le Marquis, par un ſimple aperçu de
la ſituation du Clergé & du régime établi
dans la diſtribution des graces, qui lui
ſont particulières ; mais vous m'aprenez
qu'il ne faut pas hazarder légèrement avec
vous des confidences d'un certain genre.
Ici tout eſt éphémère ; tout fuit ; tout s'efface : en Morale, comme en Phyſique,
les phénomènes les plus frappants ne tiennent pas plus d'un jour ; le prodige de la
veille eſt perdu pour le lendemain : arrangement très-commode pour ces petits
Monſtres moraux qui ſe jouent de l'opinion
publique. A-t-on fait une ſottiſe bien travaillée, bien révoltante ? On eſt regardé,
jamais obſervé ; la réflexion des ſpectateurs
ne vous pourſuit jamais ; ils ſont de ſi bonnes gens ! ils ont tant d'affaires ! Qui s'a-
viſe de ſe replier ſur un ſcandale vieilli dans

A j

la révolution d'une nuit ? ce seroit une noirceur, bien pis encore un rabâchage, un ridicule : reſſource inutile d'ailleurs pour le commerce : chaque jour apporte l'aliment du jour ; pâture fraîche & neuve qui ragoûte, qui réveille ; on eſt convenu qu'on ne ſeroit juſticiable du Public que dans un temps circonſcrit ; pendu ou couronné, c'eſt l'affaire de vingt-quatre heures.

Mais vous autres ſolitaires, eſpèce ſtagnante & médiocre, qui joignez l'inaction du déſœuvrement aux ſcrupules de la circonſpection, vous peſez ſur tout ; vous ſuivez une ſottiſe à la piſte ; vous la décompoſez ; vous demandez le *pourquoi*, le *comment* ; vous êtes ſi loin du bon air, que vous ne rougiſſez pas d'exiger des preuves ; parmi vous la malignité ne s'amuſe que de l'aveu de la raiſon ; procédé juſte au fond, mais qui ralentit les jouiſſances, & attache une forme trop ſévère aux décrets de l'opinion. Eh bien, Monſieur le Marquis, je vais vous ſatisfaire. La réponſe dont vous m'avez honnoré m'a fait ſentir que j'avois allarmé tout-à-la fois votre délicateſſe, votre religion, votre reſpect pour la ſageſſe du jeune Monarque qui nous gouverne, il eſt jnſte de les raſſurer.

Vous ne concevez-pas, me dites-vous, la déſertion des principes religieux dans des Prélats, dont toute la conſidération dépend de ces mêmes principes & de l'exercice des devoirs honorables qu'ils imposent Vous pensez qu'ils retranchent de leur existence réelle tout ce qu'ils donnent à cet Etre chimérique qu'ils se composent ; que le grouppe mitre de petits auxiliaires que je vous ai représentés, travaillant en ricochet dans les laboratoires de la finance n'est qu'un songe calomnieux, parce que cette espèce de dégradation est absurde : d'ailleurs, ajoutez-vous, ce désordre échapperoit-il à l'œil vigilant & éclairé de Louis XVI? Ne sentiroit-il pas que c'est corrompre tout, que de tout confondre, & que des Evêques *Administrateurs* seroient d'autant plus dangereux, qu'ils retiendroient de la Religion ce qui seroit nécessaire pour consacrer les mouvements irréguliers de leur ambition, & se rendre redoutables au Trône même?

Fort bien, Monsieur le Marquis, rien de mieux pensé ; mais cela est pensé à l'antique, & c'est précisément pour ne plus se traîner dans l'ornière que ces Messieurs ont imaginé un plan tout neuf d'existence. Vraiment il est bien question d'être Evêque, quelle pauvreté ! quel ravaudage ! des Ordinations, des Rituels ! besogne fade : Dépôt de Doctrine ! croie qui voudra : des Mœurs ! en a qui peut ; mais la haute science de la liberté civile, des droits inaliénables du Peuple, des

bornes fixes de l'autorité ; mais jetter
toute la Monarchie dans un nouveau
moule, la refondre, l'épurer, enlacer le
Gouvernement dans une chaîne invisible
qui en arrête les écarts, & affermisse le
bonheur général dans le sens le plus phi-
losophique ; voilà le véritable Apostolat
du XVIII siécle, le seul qui puisse
rendre au Corps Episcopal son lustre &
sa splendeur. Entendez-vous à présent,
Monsieur le Marquis. Quant à la jalousie
ou à la défiance de ce même Gouvernement, on y a pourvû. Ne voyez-vous pas
que toute cette horde ministérielle marche dans les ténébres, que le systême s'é-
tablit & se propage par mille fils imper-
ceptibles, trop éloignés du Trône pour
en être aperçus, trop foibles, peut-être,
pour n'en être pas dédaignés ; c'est un ré-
seau délié au centre duquel est tapi le
grand *Lama*, observant tout, dirigeant
tout, profitant de tout ; tout retentit à
lui ; quelques enfants perdus sont placés
en védete, battent la campagne, essayent
de petites conquêtes, fouragent, espion-
nent ; & l'adresse, ainsi que la fidélité de
leur espionnage assurent leur promotion ;
voilà tout le secret.

Dès le premier pas du *Lama* dans la
carrière Episcopale, il a écatté les petites vertus, les vues partielles, les follici-
tudes gothiques du Gouvernement Pasto-

ral ; il a rêvé en grand ; &, pour le bonheur de la France, il a rêvé qu'il étoit
homme d'Etat : fortement pénétré de
cette haute vocation, jamais il ne s'en
eft diftrait ; tous les reſſorts de ſon eſprit, ſpécialement organiſés pour la ma-
nipulation des empires, ont été tendus
conſtamment vers cet objet; liaiſons, intrigues, ſpéculations, maximes, tout a
été imprégné des vapeurs de ce rêve An-
glican ; &, comme ces vapeurs ſont con-
tagieuſes, elles ont filtré dans les têtes
homogènes de cinq à ſix Prélats, qui en
dernière analyſe, trouvent moins d'incon-
vénients, & ſur-tout plus de commodité
à réver Politique, qu'à s'occuper de Mœurs
& de Religion. Voilà donc l'aſſociation
toute formée, voilà la ſucceſſion des Apôtres, priſe par bénéfice d'inventaire; acquitte les dettes qui voudra, le nom &
les honneurs ſerviront toujours à la pro-
pagation de l'eſprit nouveau. On ne reſ-
pirera que *Comptes-Rendus*, *Avis au
Roi*, *Adminiſtration Provinciale* ; on ne
ſe montrera au milieu de ſon Troupeau
que pour y faire germer cette précieuſe
ſemence, & aligner tout au cordeau Politique. Vous avez, Monſieur le Marquis,
le noyau du ſyſtême, en voici le développement.

Cette fiévre miniſtérielle ouvertement
ſubſtituée aux mouvements de l'eſpritſaint
trouvoit des tempéraments décidés ſur

lefquels elle n'avoit point deprife; car il exif-
te encore quelques Evêques du bon temps,
qui croyent à l'Evangile encore plus qu'au
Comptes-Rendus. Il a donc fallu tenter
une révolution; &, pour l'opérer fans fe-
couffe mais d'autant plus, infailliblement, qu'a-t-on fait? Dans les dernières
taquineries du Janfénifme, dont M. de
Maurepas s'allarmoit, on lui a préfenté
l'appas d'une médiation infidieufe; on s'eft
placé entre la Cour & le Clergé, pour
mieux féduire l'une & tromper l'autre;
on a claffé dans l'opinion du premier Miniftre les Prelats Publiciftes & les Prélats
Evangéliftes; on a profité de l'entêtement
& du faux zèle de M. de Beaumont, pour
décrier les principes. En déplorant poli-
tiquement les effets, on a confondu malignement les caufes; la Religion, aux
yeux d'un Gouvernement ami de la paix,
s'eft trouvée chargée de tous les torts d'un
caractère particulier, & cette efpèce d'a-
nathême, comme un Agent corrofif, s'eft
attaché fourdement à toutes les colonnes
du Sanctuaire. De-là la confiance du même
Gouvernement furprife, les préjugés éta-
blis contre le zèle le plus modéré, les li-
mites des deux Puiffances méconnues,
l'Adminiftration furtive des Sacremens,
l'affoibliffement infenfible des droits du
Sacerdoce & de l'Autel. Les Sages gémif-
foient mais, dans un temps de vertige,
entend-on le gémiffement des Sages; tou-

(9)

tés les avenues du Trône étoient fermées ;
le Clergé, frappé de langueur , avoit perdu son ressort naturel ; on l'enchaînoit par
de fausses craintes ; la Cour endormie
par ce simulacre de paix ne soupçonnoit
rien ; on lui faisoit tout espérer. Cependant le grand œuvre s'élaboroit en silence ; tout se tournoit en législation pro-
fane ; l'édifice antique de la Religion tom-
boit par piéces ; on supprimoit les Mo-
nastères ; on licencioit les Religieux ; on
écartoit des Assemblées du Clergé ces têtes
superstitieuses , trop imprégnées de la
rouille des temps, pour se détacher des
vieilles régles ; tout ce qui étoit disposé ,
préparé à l'inoculation *civile* étoit pré-
féré ; on caressoit les ambitieux ; on gour-
mandoit les foibles ; on neutralisoit les indifférents , & cet arbre empoisonné ; for-
tifié de toute la sève de l'ambition, de
tous les sucs de l'intrigue, élevé au milieu
du Sanctuaire, étendoit dejà ses rameaux ;
déjà on reposoit sous son ombre.

C'étoit un grand pas , mais ce n'étoit
pas assez pour donner du corps à ce Parti ,
& lui afsûrer une supériorité décidée ; il
falloit multiplier les Adeptes , enrégimen-
ter les Candidats , & les fixer sous la ba-
nière politique, par l'espérance d'une sol-
de certaine ; la vieille Eminence régnoit
encore alors : défiante , ombrageuse , elle
tenoit par habitude au régime ancien ;
toute nouveauté l'effrayoit ; elle se refu-

A5

foit au mouvement qu'elle ne donnoit
pas, moins par delicateffe de principes,
que par la crainte que ce mouvement
étranger ne l'emportât hors de fes propres
mefures, & ne lui fît perdre fon aplomb.
Cette invincible difpofition, fortifiée par
un long ufage des fouilles fouterreines &
des manœuvres fatiguoit toutes les petites
rufes des confpirateurs, & déconcertoit
tous leurs plans. Cependant l'efpérance
prochaine d'un temps plus heureux les
confoloit; le tombeau s'ouvroit fous les
pas de l'indocile octogénaire; mais les
bonnes intentions avoient déjà prévalu,
& le Succeffeur au miniftère de la Feuille
étoit défigné: c'étoit un Prélat qui joi-
gnoit l'énergie du caractère à la franchife
des fentiments.

Au premier bruit de ce choix, fur lequel le Souverain n'avoit point encore
prononcé, la confternation fe répand parmi les Conjurés; on s'affemble, on délibè-
re; tout eft perdu, dit le grand *Lama* à
la petite guêpe bourdonnante; mais tout
n'eft pas défefpéré. Si le Succeffeur de l'E-
minence eft choifi, il n'eft pas proclamé;
la Feuille, ce levier puiffant qui remue,
qui agite, qui déplace, qui entraîne tout;
la Feuille flotte encore fur nos têtes, ofons
nous en faifir profitons des regrets de l'ambition qui ne peut s'éteindre: le Cardinal
a paru tout quitter, je le connois, il retien-
dra tout; rendons-nous maîtres des pre-

mieres fources de la faveur, flatons, encourageons l'orgueil mourant de l'Eminence, & recevons de fes mains défaillantes les rennes de fon empire ; nous le pouvons, ce moment fatal eft décifif.... Il dit, & la petite guêpe, en fécouant fes poils ondoyants, vole au boudoir de l'impérieufe Fée (1) qui régnoit en effet fous le nom du premier Miniftre.

Chemin faifant, elle s'affocie un de ces infectes importants (2), léger de tête & de corfage, animal audacieux & fouple, fier & bas, s'agitant toujours dans la pouffière de la Cour, & de-là rongeant tout, corrompant tout, & dévorant dans fon inquiéte inutilité les fucs deftinés aux abeilles laborieufes. Depuis long-temps ce vil frélon avoit le privilège prefque excluſif d'égarer le bon fens de la pauvre Fée, & il en ufoit à diſcrétion ; auffi ne tint-elle pas contre le bourdonnement de ces deux guêpes politiques réunies. De ce moment le Succeffeur defigné fut profcrit, on affiégea M. de M. on lui peignit des plus fombres couleurs, l'imprudence, le danger d'un pareil choix, on allarma fa douce mais jaloufe autorité...Que prétendez-vous faire ? lui dit-on, voulez-vous que le germe des principes violents reprenne dans l'Eglife fa premièreactivité, que le Clergé

---

(1) Madame de Maurep?.
(2) l'Abbé de Véri.

retrouve le sentiment & l'usage de ses
droits naturels, que cette hydre que nous
avons assoupie trouble par ses sifflements
les heureux jours de votre pacifique Administration ; vous-même consentez-vous
d'armer contre vous un *Indépendant* dont
l'opinion stable & arrêtée ne pliera point
sous la faveur, confondra votre nom dans
la foule des récommandations parasites,
ira chercher loin de vous un mérite obscur
que vous ne protégerez pas, & distribuera
sans votre aveu des graces dont vous
devez être l'instrument ou la source......
Oh, oh, reprend le Ministre un peu étourdi de la Harangue, voilà en effet un sujet
qui feroit le bien à sa manière ; au fond
tout n'en iroit que mieux, mais vous avez
raison, je dois conserver les honneurs de
mon Poste ... Eh bien ! choisissez entre le
grand *Lama* ou la petite guêpe : voilà ce
qu'on appelle des hommes, rien de plus
maniable....Ma chère femme, croyez-moi ;
vous ne vous connoissez point en hommes ;
si vous aviez un certain tact en ce genre,
auriez-vous pris votre Abbé de V ? cela
fait pitié ; allons, allons ne me parlez plus
de vos protégés ; si je me détache de l'homme à caractère, j'exclus également l'homme à système, & l'homme d'intrigue ;
toutes ces chaleurs de tête, toutes ces dé-
mangaisons ministérielles sont d'étranges
maladies dans un Evêque, je m'en défie ;
c'est de la *bonhommie* dont nous avons be-

foin... Par cet Arrêt, l'espérance des gens de bien fut trompée mais la petite guêpe & le grand *Lama* furent tous deux éconduits sans retour.

Ce dénouement n'avoit pas été prévu, & le triomphe n'étoit pas complet cependant le Ministre fut inflexible, & il fallut s'arranger. Aussi-tôt on forme de nouvelles dispositions. Ce mot de *bonhommie*, denrée rare dans ce siécle, embarrassoit pourtant étrangement les deux Agents ; il s'agissoit de trouver un homme sans couleur, sans préjugé de parti : M. de M. se connoissoit en renommée bâtarde ; il n'étoit pas aisé dele surprendre Tout calculé, le choix s'arrêta sur M. l'Evêque d'Autun, Prélat obscur, coupé en apparence sur le patron dessiné par M. de M. & qui offroit au premier coup d'œil toute la rondeur, tout le gabare de cette précieuse *bonhommie* que le Ministre préféroit à tout. Mais il falloit obtenir & fixer cette préférence. Je vous instruirai, Monsieur, par ma première Lettre, des moyens qu'on employa pour opérer cette espèce de prodige.

Je suis, &c.

LETTRE VI.

De Paris, le ...... 1782.

JE vous ai oui dire souvent, Monsieur le Marquis, qu'il y a des réputations & des

fortunes qui fcandalifent la raifon : ces réputations font ephémères : ces fortunes
s'écroulent & difparoiffent ; on fait juftice
des unes , l'opprobre couvre le débris des
autres , & cela confole. Mais il y a , dans
le cours des événements politiques , des
phénomènes ftables qui confondent toute
la prévoyance humaine , & feroient prefque croire au fommeil de la Providence.
Lorfque M. l'Abbé de Marbeuf, Chanoine de Lyon, fut élevé à l'Epifcopat, on
auroit pu en effet fe permettre de penfer
que Dieu ne veilloit pas fur fon Eglife ,
fi cette penfée n'eût pas eté un blafphè-
me. Ce choix fut l'ouvrage d'un grand
Prélat, féduit par les mœurs faciles de
l'artificieux Comte, toujours couvert du
voile de la diffimulation ; & l'on fçait à
quel excès de reconnoiffance la délicateffe
de M. d'Autun s'eft abandonnée envers
fon Bienfaiteur... Mais ne prévenons point
les temps : je vous ai promis , Monfieur ,
de vous découvrir les refforts fecrets qui
ont porté cet homme au Miniftère. Je vais
remplir mes engagements.

Il faut l'avouer : foit raifon , foit inertie,
M. d'Autun s'étoit mis modeftement à fa
place : content de fon fort, il fuyoit le
théâtre orageux de l'ambition : une fanté
ferme & vigoureufe le mettoit à portée de
toutes les jouiffances auxquelles une nature
liberale l'avoit prédeftiné. Pourquoi la
malignité de fon étoile l'a-t-elle arraché

à un ministère peu glorieux , mais paisible,
où il n'eût jamais eu besoin de ces formules
vagues & insignifiantes, si éloignées de
son beau naturel , de ces mensonges de si-
tuation & d'économie dont il abuse aujour-
d'hui sans pudeur.

Vous-vous rapellez sans doute, M. l'ex-
clusion formelle donnée par M de M. aux
deux Entrepreneurs Politiques. Je vous ai
dit que ne pouvant rien pour eux-mêmes,
ils avoient rallié leurs espérances & celles
de leur parti sur la tête de M. d'Autun ;
ils le connoissoient ; ils l'avoient abreuvé
de leur principes pendant le court ap-
prentissage qu'ils avoient fait à l'école de
S. E. M l'Archev. de R. Prélat digne par
son caractère & par ses mœurs , de donner à l'Eglise des organes plus purs & des
apuis plus fidèles ; mais le temps & l'éloi-
gnement des affaires, l'insouciance, com-
pagne presque inséparable d'un loisir voluptueux, avoit pu amolir ces mêmes principes dans M. d'Autun , & en faire un
plat conspirateur Résolu de s'en assurer ils
concertent un rendez-vous ils arrivent ;
on les introduit dans le boudoit mystérieux
de Monseigneur : boudoir organisé pour
des scènes moins graves.... *Tu dors Prélat,
tu dors,* s'écrie en entrant le grand *Lama,*
& la fortune est à la porte. .. A ce mot,
que mille échos secrets portent toujours
jusqu'au fond de l'âme la plus engourdie,
l'épais Breton s'agite , se secoue ; c'est

Achille trahi par l'aspect d'une lance : l'étincelle électrique ne produit pas un effet plus rapide...... La première émotion un peu calmée, remettez-vous, lui dit-on, & rendez-vous digne du sort que nous vous préparons. Lettres, billets doux, portraits, tresse de cheveux, brûlez toutes ces fadaises sur l'autel de la fortune qui vous apelle : il faut aller au grand; le sceptre Ecclésiastique n'a plus de maître; nous pouvons le faire tomber dans vos mains.... Le *comment* n'eût pas été mal placé là, & le Sous-Primat avoit bien des raisons pour demander en toute humilité l'explication d'un si étonnant phénomène; mais le moindre doute eût été une injure pour le tout-puissant Génie qui lui parloit: M. d'Autun sauta donc les intermédiaires, vit d'un coup d'œil toute l'Eglise de France à ses pieds; &, dans l'extâse de cette vision, balbutiant des serments de reconnoissance, il répondit en style thécnique : qu'il me soit fait, mes chers Seigneurs, selon votre parole. Vous conviendrez pourtant, Monsieur le Marquis, que les Ambassadeurs n'étoient pas faits pour réveiller l'idée de la salutation Angélique.

Doucement, mon cher Sous-Primat, repliqua majestueusement le *Lama*, ceci n'est pas un jeu d'enfant; vous devez beaucoup à notre amitié, mais vous devez encore plus aux grandes considérations politiques qui nous amenent. Ecoutez, nous voulons changer le gouvernement eccléſtique; nous voulons porter le dernier coup à ce vieil eſprit *Theologico*-Apoſto-lique, qui ſurnage encore dans le Clergé; de Saints, on n'en fait plus ; cette pauvre diſtinction eſt décriée, mais des Hommes d'Etat il en faut faire; il faut, ſi le Clergé ne veut pas deſcendre de ſon Trône, qu'il le porte au ſein de l'Adminiſtration; ce n'eſt qu'en le purgeant de *ces petites mœurs* qui gâtent ou émouſſent toutes les lumières, qu'il planera encore ſur les têtes, & reprendra une place que le ſquelette décharné de la Religion ne peut plus lui conſerver; vous êtes jeune, vous pouvez former une génération nouvelle qui conſacrera ce grand œuvre ; mais vos ſerments ne nous ſuffiſent pas ; les promeſſes, les proteſtations ſont trop légères pour un Traité auſſi ſérieux; voici les conditions toutes rédigées de cette haute Confédération ; méditez-les ; meſurez nos principes & vos forces ; & ſi vous êtes digne de nous, ſignez ce triumvirat immortel qui mettra dans nos mains les richeſſes, les honneurs, les Loix & les Peuples..... A ces mots on lui remit un Ecrit fait triple, dont le hazard m'a procuré un duplicata authentique que je vais vous copier ici fidèlement, avec les notes & apoſtilles de Mgr d'Autun.

*Conditions & Inftructions que M. L. A.
d. T. & M. L. A. d. A. propofent à M.
l'Evêq. d'Autun, & d'après lefquelles
ils s'engagent à réunir leur crédit pour
le porter au Miniftère de la Feuille.*

PREMIER ARTICLE. Monfieur l'Evêque d'Autun n'aura d'autre guide & d'autre confeil que les deux Prélats fufnom-
més, & s'oblige à ne préfenter à S. M. aucun fujet dont les fentiments & les principes n'auroient pas été dûment vérifiés par
eux, & reconnus conformes à la doctrine
politique.

℟. *Accordé fans réferve.*

2e La recommandation férieufe & bien
articulée des deux triumvirs prévaudra toujours ; &, dans les cas d'une concurrence
refpectable, on cherchera de concert les
moyens d'éluder, ou, en y cédant, de ce
ménager, pour l'avenir, par forme de
compenfation, un exercice plus plein &
plus libre de la volonté du triumvirat.

℟. *Accepté ; je ne fuis guère au courant de cette politique ; mais ma confiance
me tiendra lieu de lumière.*

3e La confidération attachée au miniftère
de la Feuille inclinant naturellement tous
les efprits à la foupleffe & à la déférence,
M. l'Evêque d'Autun favorifera ouvertement l'extinction, fuppreffion & difper-
fia de toute cette canaille Monachale, fi
chère aux Evêques rubricaires; c'eft le
gros bagage qu'il faut achever de déblayer,,

pour fe porter plus leftement à d'autres entreprifes.

℞. *Accepté, j'entrevois où cela frappe.*

4e Les Affemblées du Clergé doivent être regardées comme des crifes ; c'eft là que la vieille Eglife peut s'éteindre ou fe rajeunir : M. l'Evêq. d'Autun, par des influences détournées & fouterreines préparera de loin la compofition de ces Comités intéreffants , indiquera fourdement l'efprit qu'on doit y prendre pour dérouter tous les finges dogmatiques , & s'afsûrer à leur exclufion les graces de la Cour. Notamment nous exigeons qu'il écarte les Prélats dont les opinions & les vues inamovibles nuiroient à tout : la Milice du fecond ordre qui n'eft point initié , refpireroit un air mal-fain auprès d'eux.

℞. *Accordé ; l'épreuve eft délicate ; mais je braverai tout pour plaire à Meffeigneurs.*

5e Il faut que M. l'Evêq. d'Autun fe mette bien dans la tête que l'autorité confacre tout. L'ufage de ce principe mène fort vîte & fort loin ; on étourdit le Public, on l'entraîné , on le dompte , il faut être tout d'une piéce , & préfenter par-tout le même front. Ainfi les rumeurs , les anecdotes , tous les nuages qu'affemble la pruderie Evangélique ne doivent point offufquer l'œil d'un grand Adminiftrateur : deux ou trois fcandales récompenfés avec l'audace du defpotifme peuvent précipiter la révolution ; tout ce qui portera nos couleurs, sera toujours réputé calomnié ; tout ce qui pourra nous nuire, si l'envie le dénigre, sera toujours censé convaincu accueillir les délations utiles, méconnoître ou braver l'opinon contrariante, voilà le pivot de toute administration tranchante & vigoureuse, & ce régime est spécialement recommandé à M. l'Evêq. d'Autun.

℞. *Accepté & senti.*

6e. M. l'Evêq. d'Autun prendra toujours les hauteurs de l'Observatoire de M. L. A. d. T. poste de vigilance & d'activité d'où l'on peut déterminer sûrement les positions & les aspects des astres dominants, & des planettes subalternes ; connoissance nécessaire pour frapper les coups décisifs, & s'abandonner à des hardiesses imposantes : il s'enveloppera toujours avec le Roi dans les termes vagues d'*ordre* & de *bien public*, sans parler de mœurs, expression minutieuse qu'il faut proscrire. Il pressentira les vœux de la Reine, qui deviendront sa loi ; dévoûment peu dangereux par les précautions qu'on employera pour tromper la sagesse & la bonté de cette auguste Princesse. Si malheureusement sa faveur s'égare sur quelque sujet suspect ou odieux au triumvirat, alors M. d'Autun reprendra la dignité du ton ministériel, & lui opposera des principes qu'elle ne voudra ni discuter ni contredire , & le fyftême reftera tout entier.

℞. *Accepté , mais ce dernier article exige une grande foupleffe ; l'Abbé de Verm. à qui ce manege eft très-familier, pourra m'en donner des leçons , que je payerai bien : les petits Manipulateurs fervent fouvent plus qu'on ne croit les grands Miniftres.*

7ᵉ. On exercera M. d'Autun aux premières Audiences. Il eft important de fe bien compofer fur les planches , & de connoître fon théâtre ; la pantomime miniftérielle eft un des plus grands fecrets de la Place : coup d'œil , attitude, maintien , tout a fa valeur & fon accent, qu'il faut varier , afin que tout le monde croye vous entendre , & que perfonne ne vous devine. Comme Monfeigneur eft un peu lourd, il eft à propos que, par des actes très-répétés , il fe plie au jeu des mufcles, aux lignes courbes, inclinées ou fimplement divergentes ; il n'y a rien à redire au vifage, le mafque eft bon.

℞. *Accepté , je ferai feulement obferver que la forme grèle & lefle , privilège particulier de Meffeigneurs , n'eft pas à beaucoup près auffi voifine de la dignité que les trois refpectables dimenfions confitutives de la matière,* LONGUEUR , LARGEUR , EPAISSEUR.

8ᵉ. Dans les Audiences, foit publiques, foit particulières , il promettra *toujours*

& *à tout le monde* ; on lui fournira des formules moëlleuses toutes dreſſées qu'il diſtribuera comme des paquets ; mais il fera préciſément le contraire de ce qu'il aura promis, afin de ne pas ſe laiſſer dominer par ſon propre artifice , & pour fixer tous les prétendants qu'il ne déſeſperera jamais , à une diſtance reſpectueuſe de ſes intentions ; le voile du temps ſe lève lentement ; il aura fait bien des dupes avant que d'être dénoncé comme fripon. D'ailleurs, ſi l'on ſe plaint de ſes refus, il ſe tirera d'embarras, diſant à tout le monde , à l'oreille , que c'eſt la Reine qui fait tout,

℞. *Accepté , d'autant plus volontiers que je ne ferai violence , ni à mes principes , ni à mon caractère.*

9ᵉ. Et, de première néceſſité, auſſi-tôt que *Monſeigneur* aura pris un peu de conſiſtance & d'aplomp , il ne s'occupera que de ſa reconnoiſſance , il donnera l'Abbaye de Châlis à M. L. A. d A. & celle de Troarn, au pauvre & très-méritant Abbé de V. Quant à l'A. d. T. pour alléger ſon adminiſtration temporelle , déjà chargée de deux Abbayes, on lui aſſignera ſur les Economats un *produit net de* 66,ooo liv. en attendant l'Archevêché de Paris ; & 36,ooo liv. à l'Evêque de Senlis, pour atténuer d'autant le ſcandale.

℟. *Accepté sans modification, la pré-caution est heureuse.*

10e. Pour accélérer plus rapidement la ruine de l'éducation Ecclésiastique, M. d'Autun refusera toute considération d'éclat aux Supérieurs des Séminaires. Nous détermineront, par cette réprobation, ce qu'on doit penser de ces pépinières de Moralistes & d'Insurgents Evangéliques en frappant les Chefs, tout le troupeau languira.

℟. *Accordé, rien n'échappe à la prévoyante sagacité de Messeigneurs.*

11e. La fidélité de M. d'Autun à toutes les conditions & instructions ci-dessus, lui répondra de notre constante amitié... Faisons luire au milieu de la France un jour nouveau, & partageons ensemble la gloire d'avoir régénéré les esprits, étouffé la superstition, mis la raison à sa place, & achevé sans violence ce que tous les efforts de l'audacieuse Philosophie avoit à peine ébauché.

℟. *Ainsi soit-il.*

Signé { †ETIENNE-CHARLES.
{ †JEAN-DE-DIEU REYMOND
{ †YVES-ALEXANDRE.

Tel est, Monsieur le Marquis, le fameux Concordat qui a donné un Successeur à la vieille Eminence ; pesez-en tous les articles, vous avouerez que M. d'Autun, d'uu bout à l'autre est de la meilleure compofition du monde ; la bonne pâte d'homme ! eft-ce là en effet l'efpèce de *bonhommie* que M. de M. cherchoit ? On ne l'a pas trompé ; comme Monfeigneur fe déshonore avec candeur & fimplicité ! pas le plus petit reremords ni la plus légère répugnance, on le bride, on l'enchaîne, on le mutile, c'eft un cul de jatte que l'on couronne, & par-tout il dit *amen* ; mais tel eft le caractère de l'ambition, elle fe proftitue pour régner ; ce n'eft qu'après avoir traîné fes aîles dans la fange qu'elle les déploye ; les grands fuccès de l'intrigue fuppofent toujours de grandes baffeffes dans les moyens.

Ce plan bien arrêté, & la Capitulation fignée, il s'agiffoit de furprendre la fageffe du premier Miniftre, & d'obtenir fon aveu. Voici, Monfieur, comme on s'y prit, l'anecdote eft piquante, elle pourra répandre quelque intérêt dans la première Lettre. Je fuis, &c.

LETTRE VII.

De Paris, le.... 1782.

Vous êtes fans doute très-curieux d'apprendre, Monfieur le Marquis, par quels fouterreins on a paffé pour porter

M.

M. l'Evêq. d'Autun jusqu'au pied du Trône ; je n'en suis pas surpris ; cet événement
pourroit figurer dans l'histoire des grands
effets par les petites causes. Ce n'est pas
que son nom fût étranger à la Cour ; M.
l'Abbé de Marbœuf, son oncle, Lecteur de feu Monseigneur le Dauphin,
avoit laissé à Versailles un souvenir que
l'ambition dédaigne, mais dont l'honnête-
homme s'honore : ce souvenir étoit respecté, on en profita ; heureusement encore le mauvais Génie de la France avoit
fait le partage ; l'oncle avoit eu les vertus, & le neveu les honneurs ; or cette
dernière distinction étoit la seule dont on
eût besoin, les vertus auroient été de
trop, ainsi tout étoit à souhait. Un intri-
gant moins profond que le grand *Lama*
eût été pourtant embarrassé de l'engagement qu'il avoit pris avec le récipien-
daire. Suspect lui-même au premier Ministre, encore tout barbouillé de la fari-
ne Turgotique, il eût tout perdu s'il s'é-
toit chargé d'ouvrir la tranchée, & se
fût mis en scène sous le masque de protecteur ; envain eût-il vanté *les mœurs*,
la sagesse, *la droiture* éclairée de son
protégé, M d. M. avoit lû son Virgile ;
il connoissoit sur-tout les Grecs de son
temps, il n'eût pas manqué de lui répondre avec ce sourire où brilloit la grâce,
& qui attachoit le ridicule, *tim o Danaos*
& dona ferentes, & l'échafaudage étoit

B

renverſé ſans retour. Mais le *Lama* découvre ou crée des reſſources là où les
autres n'aperçoivent que des écueils ;
plein d'eſpoir , il court chercher ce Lévite de robe courte dont je vous ai déjà
parlé, entremetteur rafiné dans le creu-
ſet Italien , auſſi cher à Me la C. de M.
que M. d'Autun l'étoit à la Princeſſe de
la famille , mais non de la pâte aride &
froide *des Maximes*. Ecoutez , lui dit le
Lama , vous régnez , mais votre empire
tient à un fil fragile qu'un accès de goutte peut briſer ; vous êtes riche , mais
vous devenez vieux, & toutes les conſolations , tous les dédommagements des
pertes de la vieilleſſe ſont attachés à la
grande opulence; voulez-vous ajouter l'u-
tile à l'utile , élargir ce fleuve d'or qui vous
porte , quoiqu'il vous en ait peu couté
pour creuſer ſon lit , je ſçais & vous ne
l'ignorez pas que c'eſt le ſcandale des
ſots , la plus douce maniére de les confondre , c'eſt de les déſeſpérer par un
accroiſſement de bonheur : un mot vous
ſuffit ; les vues de l'Autorité ſont encore
incertaines ſur le Miniſtère de la Feuille,
fixez-les , vous le pouvez , excitez l'ora-
cle deſpote que vous inſpirez , preſſez ,
importunez : en un mot donnez un Miniſtre à l'Egliſe de France , & que ce
Miniſtre ſoit M. d'Autun , ſa reconnoiſſance égalera le bienfait.....

Ouïdi , répond le metteur en œuvre,

en fillonnant des rides impofantes de la
réflexion fon front fec & applati ; cet
Evêque eft bien, à quelques égards,
l'homme de la circonftance, mais il n'a
pas les reins fouples, il n'entend rien au
ménage des Prêtres, l'habitude qu'il a
contractée avec la Princeffe, de mettre
dans les affaires plus de naturel que de dex-
térité, doit l'expofer à mille bévues, il
gâtera tout.... Ne craignez rien, replique
le *Lama*, vous ne le connoiffez pas : fous
cette envelope épaiffe il cache une âme
très-déliée, c'eft un laboratoire tout monté d'artifice, d'impofture & de rufe ; j'a-
vois preffenti depuis long-temps cette
heureufe compofition, c'eft une mine
encore un peu brute, mais féconde, je
l'ai travaillée avec foin, je vous réponds
de lui comme de moi-même, cette caution en vaut bien une autre, qu'en penfez-vous ? d'ailleurs ne fentez-vous pas
que l'homme qui domine toutes les fan-
taifies d'une tête électrique & volcanifée,
doit naturellement être en mefure pour
modifier, pour tenir dans l'équilibre les
vœux dévorants d'un peuple affamé &
infatiable : il y a, mon cher Abbé, plus
d'analogie que vous ne l'imaginez peut-
être entre les deux Adminiftrations, voilà
donc un Miniftre de la Feuille tout arrangé, tout dreffé. Faites le triage du
Clergé, je vous défie d'en trouver un
meilleur. Je me rends, dit l'Abbé acca-

blé par la justesse de ce parallele lumineux ; je vole à Versailles ; je mets le feu
à tous les fourneaux, & j'espère que nous
obtiendrons cette précieuses transforma-
tion.

Ainsi dit, ainsi fait : il arrive couvert
d'un nuage politique qui annonçoit l'importance de cette apparition soudaine,
l'œil fixe, l'air recueilli, le front ténébreux, costume des négociateur.... On
étoit à sa toilette, il se précipite à travers tout l'appareil de ce travail ; ren-
voyez vos femmes, Mme la Comtesse,
s'écrie-t-il avec une chaleur impérative,
il est bien question dans ce moment de
cette minutieuse singerie!..... A sa voix
toute la horde frivole est congédiée.....
Eh bien, lui dit-on, vous voilà tout pal-
pitant d'impatience & de vivacité, quel
est donc l'objet.---Le voici, Mme la Comtesse, voulez-vous étendre votre crédit,
répandre les grâces, achever de me
rendre heureux!--Ingrat, en doutez-vous!
-Eh bien le choix du Ministre de la *Feui-
le* n'est point encore prononcé ; si M. le
Comte a pris ou reçu des impressions,
détruisez-les, & déterminez-le en faveur
de M. d'Autun.--M. d'Autun! vous m'é-
tonnez ; cet homme est à peine connu du
Roi ; il ne tient à rien ; tant mieux, il ne
tiendra qu'à vous --- Mais --- tout est
calculé, Mme la Comtesse, tout est prévu, je réponds de tout, les moments sont

précieux, allez. On ne réplique point, on se soumet, & voilà M. de M. assiégé par des instances qu'il n'avoit jamais sçu ni détourner ni contredire : il balance, on le poursuit, on l'obstine ; parbleu, Madame, vous avez d'étranges fantaisies, ce M. d'Autun, le connoissez-vous ? --- Non, mais mon Abbé le connoît ; nous y voilà, c'est le démon de Socrate pour vous, vous le mettez à tout. --- Passe pour démon, mais il n'y a pas un mot de Socrate dans tout ceci---vous me proposez là une chose folle. Je n'ai jamais vu votre M. d'Autun. -- Eh, que vous importe, allez-vous éplucher un choix où la prudence même ne verroit goutte ; connoît-on ces Prêtres ? On vous répond de celui là : c'est un homme de *tête* & de *mœurs*, souple, malléable, vous serez le maître de tout, & puis prenez donc garde, car il faut que je vous avise de tout, vous reconcilierez..... Vous m'entendez, on vous boude, vous avez à réparer. ---Ah ! voilà de la raison, cela ; en effet j'ai renvoyé leur Turgot, il faut bien leur donner une fiche de consolation, oui je me rapelle, le bon Duc mon bon ami m'a parlé de votre d'Autun; allons, Mme la Comtesse, vous serez contente ; au fond me voilà bien à mon aise, cette affaire me tourmentoit, S. M. & moi nous ne sçavions trop comment en sortir, vous avez tranché le neud....

Oh , quelle arrière reſſource pour un Empire que le génie d'une femme ! devant ſa volonté toutes les difficultés diſparoiſſent....

Voilà , Monſieur le Marquis , l'hiſtoire exacte de cette étonnante Promotion. Les vues de M. le Comte & de Mme la Comteſſe de M. étoient droites, mais l'impoſture & la fauſſeté les environnoient ; comment percer ce dédale d'intrigues ? L'œil d'un jeune Monarque pouvoit-il arriver à ces profondeurs , tandis que celui d'un Miniſtre ſage , exercé, défiant ne les pénétroit pas........ Jugez de l'orgie qu'on dut célébrer après le ſuccès de cette heureuſe trame ; quel triomphe pour le *Lama* ? Si l'image n'étoit pas un peu giganteſque , je vous inviterois à vous repréſenter le conſeil d'Antoine, de Lépide & d'Octave ; le partage de l'Empire du monde , les fameuſes tablettes de Proſcription ; je vous dirois que dans la première ivreſſe le *Lama* vit la révolution ſe déployer devant lui comme ces nuages tranſparents qui ſe déroulent à l'Opéra dans une progreſſion d'optique , d'où ſe lancent ſucceſſivement mille traits de lumière : il ſe contempla au pied du Trône , tenant les rênes des deux Adminiſtrations , les modifiant , les confondant , le tout pour la plus grande gloire de la Philoſophie & le plus grand bonheur du pauvre genre-humain. Dans ce

Consistoire le célèbre Concordat reçut une sanction nouvelle, la pantalonade ministérielle fut répétée, le troupeau *Politique*, soigneusement discerné, le nom des élus proclamé, les douteux réservés aux épreuves, les incapables dévoués à l'anathême; &, après ces dispositions fondamentales, chacun alla prendre son poste pour y jouer le rôle convenu, & accélérer la consommation du grand œuvre. Cette Lettre, Monsieur le Marquis, vous paroîtra peut-être un peu décharnée, un peu grave; mais je suis historien fidèle, & tous les fonds ne sont pas susceptibles de ces nuances fines & burlesques qui excitent tout ensemble le sourire de la raison, & l'indignation de la vertu; je vous promets dans les suivantes quelques détails moins sérieux, je sens qu'il faut vous sauver de vos réflexions : le François n'est point fait pour ce mépris froid & sombre qu'inspire le vice, il faut l'amuser par le scandale, & M. d'Autun est un des sujets les plus heureusement composés pour produire ce double intérêt.

Je suis, &c.

LETTRE VIII.

De Paris, le .... 1782.

Encore une rechûte d'incrédulité, Monfieur le Marquis; je ne m'y attendois pas, je vous l'avoue fans ménagement; je vous trouve reculé de plus de deux fiécles; eft-il poffible que vingt ans de retraite vous ayent rendu auffi étranger à nos mœurs & aux événements : vive la campagne pour conferver la candeur & la fimplicité; la bonne nature s'y promène uniformement dans le cecle des faifons. Tous les Printemps ramenent les fleurs, tous les Automnes les defféchent; fe foleil fe léve, fe couche; la lune s'éteint, renaît, rien ne varie aux champs dans l'ordre phyfique, comment foupçonner que l'ordre morale dans les villes ne foit pas également immuable. Auffi m'avez-vous fait mille chicanes; le bien qu'on trouve dans fon cœur on croit le voir par-tout : vous avez exigé des preuves, je vous ai donné des faits, je vous ai conduit comme par la main dans le labyrinthe de rufes & d'intrigues; mon récit eft fi lié, fi cohérent qu'on pourroit m'accufer d'avoir *écoutés aux portes*. Cette tâche remplie, je vous crois convaincu, perfuadé; point du tout, il vous plaît à préfent de douter de la réalité du Con-

cordat : *il souléve toutes les âmes honnê-*
tes , me dites-vous , toujours de la *bon-*
hommie ; eh, ne voyez-vous pas que c'est
une raison de plus pour y croire ? Avez-
vous oublié à qui ce monstre doit le jour ;
il est impossible , ajoutez-vous , *qu'un sisté-*
me aussi dépravé se soit établi dans aucune
tête humaine , c'est un jeu infernal de
l'envie & de la malignité. Le pauvre M.
d'Autun , vous écriez-vous..... *Le pauvre*
homme , s'écrie Orgon dans l'immortelle
Comédie du *Tartufe* , je vous en demande pardon , Monsieur le Marquis , vous
me rapellez ce trait , & comme le cadre
me paroît heureux je pourrois essayer d'y
placer le buste de M. d'Autun , les Tar-
tufes sont de tous les âges ; mais en vérité
je ne m'attendois pas à trouver encore un
Orgon , vous êtes certainement le dernier
de la famille.

Le *pauvre homme* ! oui, Monsieur le
Marquis , vous avez raison , ce mot est
bien plus caractéristique que vous ne pensez ; si toute la vie de M. d'Autun n'est pas
le Type , & comme le moule de ce *Con-*
cordat , qui vous fait jetter les hauts cris ,
protestez contre la calomnie , j'y con-
sens ; mais écoutez..

D'abord vous conviendrez que les fortunes & les événements d'un certain éclat
ont toujours quelque germe ou apparent
ou caché qui les produit ; on a beau dire
le *hazard* , ce dieu populaire , qui fait

tout & ne fait rien, le hazard a toujours fe raifons. Depuis le regne du C. de Fleury, il eſt facile de motiver le choix des Miniſtres Eccléſiaſtiques; la reconnoiſſance nomme l'Evêq. de Mirepoix ; l'eſtime, le Cardinal de la Rochefoucault; le deſpotiſme d'une femme l'Evêque d'Orléans ; l'intrigue & la pitié, la vieille Eminence. Ici je m'arrête, & je vous demande quelle raiſon, quel motif, ſoit de convenence, ſoit de faveur, ſoit de juſtice a parlé pour l'Evêq d'Autun.

En effet, prenez-y garde, Monſieur le Marquis, de quel point ce Prélat eſt-il parti? Par quelle route a-t-il paſſé? Eſt-ce l'eſprit & les connoiſſances acquiſes ? Eſt-ce la conſidération perſonnelle? Eſt-ce la modération connue de ſes principes ! Eſt-ce enfin l'honorable recommandation de la vertu qui a fixé ſur lui les regards & la confiance du Souverain? Analyſons ces élémens, vous verrez qu'après la plus complette évaporation, il ne reſtera en faveur *du pauvre homme*, que le *caput mortuum*, je veux dire la fange & la boue du Concordat; j'ai placé en première ligne l'*eſprit & les connoiſſances acquiſes*. Entendons-nous, s'il vous plaît, Monſieur le Marquis, de nos jours l'eſprit eſt une denrée fort commune, autrefois ce mot portoit avec lui une ſorte de diſtinction, aujourd'hui c'eſt une propriété preſque générale, & ſur ce

patrimoine universel *votre pauvre homme*
a eu une part de cadet , qu'il a religieuse-
ment conservée , telle que la nature la lui
avoit faite ; car M. d'Autun a un grand
respect pour la Nature ; il ne la tourmente
ni ne la contrarie ; jeune , pensez-vous ,
qu'il pressentît sa fortune ? Non , en avoit-
il l'élévation , l'ardeur inquiéte encore
moins ; il étoit nul , & consentoit à l'être ,
ce n'étoit pas même une de ces Comettes
vagabondes , dont les mouvements irréguliers laissent du moins après eux quelque trace de lumière ; les erreurs du mérite sont toujours imposantes , on oublie
les erreurs , & le mérite reste. Pour M.
d'Autun , il rouloit paisiblement dans le
cercle ignoré de ces globes éteints ou
encroutés , qui n'ont point de nom ; il se
flattoit tout au plus de traîner un jour son
inutile existence dans quelque siége obscur ; mais cette perspective vague ne
gâtoit point pour lui les solides dou-
ceurs du présent ; il ne se précautionnoit
sur rien , & se défendoit peu de choses ,
il n'y avoit point en quelque sorte d'a-
venir pour lui. Dans ses premières cam-
pagnes Ecclésiastiques , ne croyez pas
qu'il se pliât aux devoirs sévères de l'E-
piscopat , & que , destiné à devenir le
flambeau de la Religion , il commençât
par en être l'exemple , il ne voyoit pas
si loin : tranquille , ignorant , inappliqué ,
n'émoussant point sur des écrits laborieux

ses tardives facultés, il nourrissoit dans le désœuvrement une prétention tiéde & taciturne, essayoit quelques fantaisies galantes, digéroit & s'engraissoit chez les *Luculus*: c'est dans ce calme heureux que le physique *du pauvre homme* marchoit à ce beau développement qu'on admire aujourd'hui, & le moral devenoit ce qu'il pouvoit.... Prendrez-vous cela, mon cher Marquis, pour le sommeil du génie & du talent? Ils dormoient donc. Eh bien ils dorment encore.

L'esprit & les connoissances acquises n'ont donc point influé sur le phénomène dont nous recherchons la cause, venons à présent à la considération personnelle. Vous sçavez, Monsieur le Marquis, que cette espèce de conquête ne peut être ni de mode ni de convention, c'est l'hommage pur de l'estime subjugué, on ne l'obtient que par un grand caractère, ou par de grands succès : & voilà ce qui a du moins échappé au naufrage de nos mœurs ; les usages, les habitudes, les principes même peuvent être dépravés, l'opinion publique reste incorruptible. Il seroit ridicule de s'appésantir sur cette discussion, puisqu'il s'agit de M. d'Autun, ce seroit une malice de Page : qui peut ignorer que sa vie Episcopale est aussi pâle, aussi terne que sa vie privée à quelques accidents près dont je vous réserve une foible esquisse, mais qui ne donnent la célébrité qu'aux dépends de la confidération.

Peut-être imaginerez-vous (car la prévention profite de tout) que cette médiocrité, cet abatardiffement a pu tourner en raifon de preférence & de faveur pour M. d'Autun, le chapitre des fots illuftres tiendroit une grande place dans notre Hiftoire politique ; il eft vrai, mais il eft impoffible, Monfieur le Marquis, que vous teniez dans ce pofte ; cette penfée eft trop injurieufe au Roi. Comment fuppofer que le choix de fa fageffe fe foit arrêté fur une efpèce de pantin fans action & fans couleur ; je fais que la modération des principes, la circonfpection & la retenue dans leur ufage font devenus les maximes du Gouvernement actuel ; maximes refpectables, & je ne puis nier que la neutralité ou l'indifférence fur les principes même ne foient les difpofitions les plus prochaines à la modération : mais cette heureufe conformation de M. d'Autun n'étoit pas connue de M. de M. & trop connue, elle eût été un titre d'exclufion : j'avoue encore qu'il a été préfenté comme un homme fans conféquence, machine à refforts fouples & liants, dont l'autorité n'auroit rien à craindre, qui feroit le bien qu'on voudroit en obéiffant à tous les mouvements qui lui feroient imprimés ; mais c'eft fur la foi des artifans du *Concor-*

dat qu'il a été reçu pour tel , ce font eux
qui ont donné de l'importance à fon obfcurité , il ne jouiffoit pas même de la
pauvre réputation de n'être rien ; il rem-
pliffoit une place fans l'occuper , perfonne n'y regardoit ; on fçavoit feulement
en général que le fiége où il végétoit
n'étoit pas vacant ; ainfi c'eft au fond
d'un puits qu'on s'eft avifé de l'aller chercher. Or l'inftrument, le lévier de cette
étonnante extraction, quel eft-il ? le *Con-*
cordat. Vous avez beau vous retourner ,
Monfieur le Marquis , vous trouverez
toujours M. d'Autun attaché à ce mot
vivifiant & créateur , comme l'effet l'eft
à la caufe.

Mais enfin , me direz-vous encore ,
l'obfcurité n'exclut pas les vertus , au
contraire elle les fuppofe ; or la vertu
la plus jaloufe de l'*incognito* , la plus
précautionnée contre l'éclat fe trahit
quelquefois fans qu'elle s'en doute ; peut-
être le modefte M. d'Autun a-t-il été
trahi par fa vertu même , & voilà le
choix du Roi, dirigé, juftifié , & le
Concordat au rang des fonges .. A merveille , voilà par exemple une idée que
vous n'avez prife à perfonne, on ne vous
accufera pas de plagiat, c'eft véritablement une idée neuve, originale ; mais
elle a un côté fi comique, & les mauvais plaifants font fi adroits à faifir un
fens pervers , que je ne vous confeille

pas de vous en faire honneur, vous fe-
riez rire la Cour, la Ville, les Cloîtres ,
les Parloirs, tout, jusqu'aux antichambres.... Oui, vous avez raison, on com-
poseroit en effet une Brochure très-
piquante de l'Histoire *des vertus secrettes*
de M. d'Autun, & vous avez très-bien
deviné que le voile qui les couvroit a été
à demi déchiré ; mais vous poussez à
bout : je vais vous dire mon dernier secret à l'oreille ; croyez-moi, vous ne ga-
gnez rien à l'obligante supposition que
vous venez de faire ; car, si M. de M.
avoit été dans la confidence de ces vertus, il y a à parier, quoiqu'il ne fût ni
dévot ni pédant, que ce genre de distinction n'eût pas porté le Propriétaire au
pied du Trône. Ces étranges *vertus* dans
votre pauvre homme croient jointes
d'ailleurs à tant d'inepetie, que la renommée ne daignoit pas même illustrer ses
vices ; elle s'est chargée cependant d'un
fait assez célèbre, qui signale le jour de
son Sacre, & qui ne depareroit pas les
fastes même du Cardinal Dubois --Mais
je craindrois qu'un récit trop naïf ne ré-
pandît sur cette Correspondance l'odieuse
couleur d'une obscure délation , éloi-
gnons de vos yeux des faits inutiles à votre conviction , & que la sévérité même
de l'objet dont je m'occupe me defend
de vous retracer; épaississons au contraire,
s'il est possible, l'ombre qui couvre tous

ces scandales ; & , pour me raprocher de vos idées , plaçons M. d'Autun dans les aspects les plus favorables , jettons dans le creuset cette riche & vaste composition qui le distingue ; eh bien , il ne restera pas un atôme qu'on puisse combiner avec les qualités d'un Ministre des grâces Ecclésiastiques : voilà ce que je me suis proposé de vous démontrer : ni la considération , ni l'expérience , ni les talents , ni les vertus n'ont donc pu le porter au Ministère ; il est donc l'enfant ténébreux de l'intrigue , le vil ouvrage du *Concordat*, traite monstrueux qui mine sourdement les principes & les mœurs , & peut déterminer en effet la révolution que les Philosophes proclament avec tant de complaisance.

Mais qu'importe , dit-on quelquefois , à la cause de la Religion que M. d'Autun soit fourbe , ignorant , hypocrite &c ? Qu'importe ! Eh , comment protégera-t-il ce qu'il n'estime pas ? Comment pourra-t-il préférer ce qu'il ne discerne point , ou ce qu'il a juré de proscrire ? Dès-lors plus de base , plus de règle , plus de point d'appui. Dans les autres départemens de l'Autorité , on peut allier la perversité du cœur & l'elévation des vues ; il y a un prix sensible , une gloire politique qui domine & qui soutient : mais le ministère de la Feuille , dont l'objet est un bien moral , est un Ministère purement de vertu ; tous les motifs , toutes les récompenfes d'une conduite louable y font intérieurs ; pour être jufte dans cette Adminiftration , il faut être homme de bien , il faut croire à la vertu pour s'intéreffer à fes fuccès , pour fe propofer d'en étendre l'empire par la confidération & les honneurs , ou fi l'on n'y croit pas , il faut être doué de cette délicateffe exquife , de ce goût de bienféances , de cette fenfibilité à l'opinion publique que l'ame ftupidement vaine de M. d'Autun n'a jamais connus. Vous allez en juger , Monfieur le Marquis ; je me hâte de vous le repréfenter dans l'exercice raifonné de fa profonde Adminiftration ; j'accroîtrai peutêtre votre furprife ; mais je ne dois plus défefpérer de votre confiance.

    J'ai l'honneur , &c.

LETTRE IX.
De Paris , le.... 1782.

Vous commencez donc, Monfieur le Marquis , à vous défintéreffer un peu fur ce *pauvre* M. d'Autun , *la facilité* de fes mœurs vous rend très-probable la foupleffe de fes principes ; cet ambitieux *Lama* , cette petite guêpe active , ce maraudeur Italien , tout cela nous paroît fi bien d'accord & fi naturellement groupé , que vous appercevez affez nettement le jeu des poulies qui ont porté l'obscur Prélat au foyer du pouvoir & de l'autorité. Il y a des vérités historiques, dont la trace & les mouvements se perdent dans les ombres de l'intrigue & de l'artifice .mais ces vérités n'en sont pas moins démontrés par les faits , & le célèbre Concordat est de ce genre : il présente en effet l'histoire abregée de l'absurde & insolente Administration de M. d'Autun. Je dis absurde & insolente , pour s'en convaincre, il ne s'agit , Monsieur le Marquis, que de se former une juste idée du ministère de *la Feuille*.

Les graces Ecclésiastiques sont l'héritage inviolable de l'Eglise ; elles sont faites pour les talents plus que pour les noms , pour les vertus plus que pour les talents : distribuer ces graces sans règle & sans pudeur, c'est déchirer le patrimoine de la Religion , c'est anéantir l'un des plus puissants moyens de la Providence pour entretenir dans le Clergé l'amour du travail , l'activité du zèle, & le respect de l'ordre ; le Ministre de ces graces seroit peut-être le premier ressort du plus desirable de tous les Gouvernements , celui qui seroit fondé sur les mœurs ; les mouvements, les opinions, les passions, les sentiments, le cœur des Peuples , tout est dans la main de ce Ministre , puisqu'il leur donne des Oracles & des Modeles ; du centre du Royaume jusqu'à ses extrémités, c'eſt lui qui répond, qui nourrit, qui renouvelle les bons principes & les bons exemples ; cette Feuille ſi légèrement confiée porte avec elle dans toutes les parties de la France ou le triomphe du vice ou la conſidération de la vertu ; voilà le *miniſlère*, Monſieur le Marquis ; jugez le Miniſtre. Vous trouverez peut-être ce tableau trop ſérieux ; eh bien reprenons des pinceaux plus légers, j'y conſens ; mais, dans un ſujet auſſi grave, comment écarter l'idée du brigandage qui révolte, pour ne montrer que le ridicule qui amuſe ? Autour de M. d'Antun je n'entends que de pauvres diables qui gémiſſent, les Grands, les Petits, tout eſt indigné. Ce n'eſt pas pourtant qu'il ne triche quelquefois avec les Triumvirs, il a ſes caprices, ſes boutades, ſes foibleſ-ſes ; vous ſollicitez une grace méritée, vous languiſſez dans l'attente ; jouet & dupe d'une longue eſpérance, vous êtes prêt à vous pendre. Ne vous déſeſpérez-pas, voici une route qui mène au ſuccès, ne réclamez jamais auprès de M. d'Antun l'appui de la décence, de la vertu, vous gâteriez tout ; épiez ſes liaiſons, inſinuez-vous chez les femmes intrigantes & faciles, où libre de ſes grandes ſollicitudes, il va dérider ſa groſſe importance : la rue S - Louis, celle de Menars & celle du Regard ſont des ſtations privilégiées ; c'eſt là qu'il faut être admis ; c'eſt là qu'on eſſaye toutes les chances, & que, par forme de dédommagement, on fourage *la Feuille*, lorſqu'on a trop à ſe plaindre des trahiſons du ſort. Heureux qui peut repréſenter dans les intermèdes des douces orgies que Monſeigneur ſe permet, pour mêler quelques roſes aux épines de ſon Adminiſtration. Jugez, Monſieur le Marquis, ce qu'un régime auſſi ſage doit rendre d'honneur & de gloire à la Religion, de quel mouvement d'indignation ne ſe ſent-on pas ſaiſit lorſqu'on voit un Aumonier du Roi, ſous les yeux de S. M. même, ſe meſurer avec les joueurs les plus emportés, faire reculer les plus intrépides, former une banque, dont l'Abbaye de Royaumont eſt le noyau, & partager avec M. d'Autun, l'un de ſes croupiers, le produit de ſes audacieuſes combinaiſons; quelle exiſtence pour un Prélat, & ce ſcandale qui étonne les indifférents même, par ſa nouveauté, eſt l'ouvrage de M. d'Autun : tout ſe reſſemble, tout ſe ſuit, ſi vous exceptez quelque nomination, vous verrez dominer partout la couleur du *Concordat*, fidèle à la foi jurée, il ſemble que ce Miniſtre n'ait de délicateſſe & d'honneur que contre l'honneur même, & qu'il mette une ſorte de hauteur & d'élévation à inſulter ſans ménagement, dans ſes préférences, comme dans ſes refus, l'honnêteté, la juſtice & la décence; &, à ce propos, j'ai recuilli un anecdote qui m'a paru d'un très-bon genre , & dont je vais vous faire part.

M. d'Autun devoit faire un travail très-intéreffant, le Public étoit dans l'attente, la Cour & la Ville s'épuifoient en conjectures , les Prétendants haletoient de crainte d'efpérance ; & , foit irréfolution, foit efpiéglerie , le Miniftre filoit la fcène ; un Abbé , fujet diftingué , mais qui, malheureufement n'étoit que cela , s'avife de demander à M. L. C. de B. s'il a pénétré les intentions de M. d'Autun ; fans doute , répond le C. je fçais fon travail par cœur. -- Vous plaifantez.--Point du tout , je fçais que vous êtes un de fes amis.- Il s'eft donc ouvert.--Bon, ouvert! Le renard eft à une lieue fous terre lorfqu'il a l'air d'être de plain-pied avec vous ; mais je me fuis tourmenté , & me voilà à préfent au courant, non-feulement de la nomination qu'il va faire, mais encore de toutes celles qu'il fera. ---Vous me perfiflez , M. le C. Non, vous dis-je , j'ai fait un fimple raprochement qui faute aux yeux de tout le monde, & dont pourtant perfonne ne s'avife , & je me fuis rendu maître de tous les fecrets--Mais encore. Oh ! rien de plus fimple ; avez - vous quelques habitude à la Police? Que peut avoir de commun la Police avec le travail de M. d'Autun. ---La bonne ame ! Aprenez que les notes

de la Police font une recommandation
toute puiſſante auprès de lui. --- Je ne
vous entends pas. --- Croyez-moi , mon
cher Abbé , tâchez d'y faire employer
votre nom , ne fut-ce *que ad honores.*---
Eh bien--Eh bien , vous aurez une Abbaye proportionnée à la célébrité de votre note ; la liſte des ſcandales & celle de
la Feuille eſt devenue à-peu-près la
même ; on a deviné preſque à coup ſûr
quels ſont les élus , en conſultant les Regiſtres de l'indécence & des mauvaiſes
mœurs. Voilà ma ſpéculation... Et, pour
la juſtifier , le malicieux Comte crayonna
de verre , une demi douzaine d'illuſtres
ſcandaleux , bien dottés , bien rentés , nominations très-édifiantes , dont on avoit
été chercher la raiſon ou le prétexte dans
les Archives de M. le Noir.

Avouez , Monſieur le Marquis , que le
trait eſt plaiſant : Eh bien , vous obſtine-
rez-vous encore à douter & du Concordat & de la ſcrupuleuſe fidélité de M.
d'Autun à obſerver ? mais cet utile &
rare Concordat quelque ſoit la profondeur de ſes prévoyances, n'avoit pas tout
prévu. Quelques temps après la Promotion de leur collégue , les Triumvirs qui
le ſuivoient de près , crurent s'apercevoir
de quelques mouvements irréguliers dans
les organes (je crois, Monſieur le Marquis,
vous avoir déjà dit un mot de ce phénomène domeſtique) ſoit que ce fût un

tic de famille , soit qu'en effet le soubre-
saut d'une élévation subite eût donné aux
fibres de son cerveau une secousse trop
violente , il est certain que les fourneaux
s'allumoient quelquefois , & il en résul-
toit des explosions très-extraordinaires.
Heureusement *Monseigneur* n'étoit jamais
fou à contre sens ; il étoit si parfaitement
imbibé , si pénétré de sa mission qu'en
perdant son étoile, il ne faisoit jamais fausse route , le gouvernail chanceloit , mais
les voiles toujours orientées conservoient
la direction convenue , & le *Concordat*
étoit toujours respecté. Cependant on
crut ne pas devoir abandonner un effet
de commerce aussi précieux que la *Feuille*
à tous les airs de vent qui pouvoient sou-
fler. Le Comité s'assemble , on reconnoît
que l'Administration d'un Diocèse n'est
pas , à beaucoup près , aussi importante
que celle dont il s'agit ; un Diocèse, dit
le *Lama* , marche tout seul , pure machine ; mais la raison de *Monseigneur* n'est
pas tout-à-fait du même genre... Plût au
Ciel.... Le mouvement, une fois donné ,
tout iroit de suite.... Mais , si elle s'avise
de courir les champs .... Etes-vous sujet
à ces crises là , dit finement la petite
guêpe.... .. Allons , allons il faut prévenir
un scandale qui porteroit un coup mor-
tel à tout le parti....... Cette résolution
prise , on choisit un homme sûr , on l'attache avec le titre & les pouvoirs de

Grand - Vicaire à ce département de confiance. Ce Sous-Penseur chargé de tenir en laisse la tête de *Monseigneur*, l'observe, l'étudie, la dirige ; ce font à peu près les mêmes fonctions que celles du premier Médecin auprès de S. M. le premier est au bon sens ce que le second est à la santé : cet ordre une fois établi, le précieux Concordat est resté invulnérable. En effet, aux premières aberrations du Thermomètre le vigilant Inspecteur juge l'orage, & met en panne. Il concentre la Divinité au fond de son Temple ; les Oracles cessent, les antichambres font désertes, un profond silence règne dans toutes les avenues du Sanctuaire ; précaution indispensable ; la plus légère commotion pourroit détraquer tous les ressorts, & troubler sans ressource une raison en travail qui s'efforce de resaisir l'équilibre.

Vous m'avez paru, Monsieur le Marquis, un peu effarouché des premières confidences que je vous ai faites sur ce flottement d'organisation ; sans doute votre bonhommie très-chrétienne va porter la pitié jusqu'à l'attendrissement, ce pauvre M. d'Autun, vous écrierez-vous encore, le dénoncer, le constituer fou ? Ah ! il y a conscience.... Eh, Monsieur le Marquis, je le fers beaucoup mieux que vous ; ce qu'il vous plaît d'apeller une barbarie, feroit une adresse de l'amitié la plus éclairée.

éclairée. Comment sans cela rendre raison de cettehabitude persévérante d'impudence & de mensonge ? Placez Monseigneur aux Petites Maisons ; le voilà justifié, tout s'explique, ce n'est plus un fourbe, un hypocrite, c'est un instrument fausse, dont une main habile se sert avec avantage. Il est évident qu'on ne peut sauver son cœur qu'aux dépends de sa tête.

Pour dernier trait, car il faut bien achever le tableau, voulez-vous me suivre à ses Audiences publiques ; c'est une ritournelle hebdomadaire, dont il a trouvé le mouvement tout établi, & qu'il répète avec un art &, il faut en convenir, avec une distinction qui lui sont particuliers. C'est là, Monsieur le Marquis, où tout l'esprit du *Concordat* est mis en action ; figurez-vous une collection bigarrée de Moines, d'Abbés, de Curés, de Militaires & de Femmes. Tout ce Peuple demande du pain ; *Pension*, *Abbaye*, ce mot circule & retentit par échos dans toutes les bouches, on ne sçait auquel entendre. Si Monseigneur n'étoit pas fou, il y auroit de quoi le devenir ; mais son rôle est tout noté, il le sçait par cœur ; comme le Grand-Vicaire de la tête a soigneusement monté le clavier pour la représentation, on est sûr du succès : il faut voir avec quelle dignité le Représentant se compose & se balance sur son piédestal. Ses premières attentions ,

C

comme ses premiers regards sont pour le sexe aimable, qui lui rend l'existence si chère & si douce ; les femmes séparées de la horde affamée, passent au signal qu'il leur donne les unes après les autres dans l'intérieur du Temple ; les affaires sont quelquefois difficiles, épineuses, les tête à tête durent. Toute l'audience alors reste béante ; les Militaires jurent, les petits Abbés importants trépignent, les Curés froncent les fourcils, les humbles Moines se donnent au diable. Enfin *Monseigneur* rentre sur la scène, le front préparé à tout ; car, pour son ame, elle vient de s'épuiser dans le travail secret, & il ne faut plus s'attendre qu'à des parodies. Me Jacques, dans la Comédie de l'*Avarre*, dit à Harpagon *à qui Monsieur veut-il parler ? est-ce à son Cuisinier ? est-ce à son Cocher ?* Et le costume change selon le personnage ; ici l'automate chargé de toutes les draperies analogues est plié d'avance à toutes les formes.---- Faut-il du zèle, *Monseigneur* est brulant comme S. Paul, *unité*, *unité* de benefice, s'écrie-il. C'est l'esprit des anciennes régles ; &, par une heureuse application du principe, il s'est donné l'Abbaye du Bec : faut-il de la bonhommie, son accent devient presque sensible & paternel ; faut-il de la ruse & de l'artifice, le jeu est si naturel & si moëleux que les plus fins s'y laissent prendre ; Monsieur le

Chevalier dit-il , au respectable Militai-
re , les temps sont durs , ne vous impa-
tientez-pas , tout s'arrangera. Monsieur
le Curé vous connoissez mes intentions ,
dormez sur cet oreiller , & croyez que le
moment d'un réveil heureux n'est pas
loin , je prévois.. ..Oui..... Allez , soyez
tranquille. Mon cher Abbé , vous enragez
& moi aussi : la Reine s'empare de tout ,
je ne suis maître de rien , mais laissez-
moi faire , j'ai mon plan , au premier
travail je lui escamoterai ce qui vous
convient , ou..... Bonjour , soyez discret
& comptez sur moi... .Puis, pour la dignité du rôle , apostrophant toute l'Assemblée , il enfile quelques labeaux de
Catéchisme racornis & desséchés dans sa
tête , les mots de Religion , de Piété ,
d'édification coulent majestueusement de
ses lèvres ; c'est le *Compère* qui amuse le
Peuple avec une *Pratique* ; si on lui demandoit où il prend tous ces coupons
ascétiques , il pourroit répondre comme
Pourceaugnac, parlant de Jurisprudence :
Ma-foi, ces mots la me viennent sans que
je les sçache ; je les ai retenus en lisant
des Romans. C'est avec une demi-dou-
zaine de lazzis de cette force qu'il fait face
à tout , les Prétendants en première ligne
emportent des promesses , ceux de la
seconde des caresses , pour le reste qui
ne mérite pas l'honneur d'être trompé ,
il est ballayé par pelottons , Moines ,

C

Vicaires, Catéchiftes, Porte-Dieu, toute la ménuaille fe replie en courbettes précipitées, & peu s'en faut que *Monfeigneur* chargeant en queue ces Troupes Légères, ne crie avec le tranchant Abbé Raynal : Aux champs, canaille, aux champs, à la charrue.....

Voilà ma tâche remplie, Monfieur le Marquis, vous fçavez à préfent votre M. d'Autun par cœur, & je vous ai mis à portée de le claffer ; permettez-moi de terminer cette Correfpondance par quelques réflexions que je dois encore à l'intérêt de la Religion & de la vérité, elles feront le fujet de ma dernière Lettre.

Je fuis, &c.

LETTRE X.

A Paris, le .... 1782.

J E vous étonne, Monfieur le Marquis ; je le crois ; j'avoue que voilà une terrible épreuve pour cet efprit de charité qui vous anime, & que vous conservez dans l'innocence de votre retraite ; vous êtes placé dans l'alternative embarraffante, ou de vous indiquer de la calomnie, ou de pleurer fur une calamite publique. Si votre ame honnète & pure eft

(53)

alarmée de cette pofition , ne vous en
prenez qu'à vous ; vous feul avez arraché ces triftes fecrets du fond de mon
cœur. Que m'importe le brigandage & la
proftitution du miniftère de la *Feuille* ,
je fuis fans intérêt, éloigné par état des
graces Eccléfiaftiques; j'obferve , dans la
défiance de tout préjugé , dans le filence
de toute paffion , les abus & la honte
d'une Adminiftration auffi dépravée , &
foit refpeét des vieux principes , foit lumière d'une politique faine , foit horreur
naturelle de toute impofture , je gémis
& gémis feul. Pourquoi , Monfieur le
Marquis , avez-vous appellé ce gémiffement jufqu'à vous ? C'eft à l'*autorité* , fans
doute , c'eft à l'amitié fur-tout qu'on doit
la vérité ; citoyen obfcur , je ne puis
éclairer le Trône ; mais honnoré de la
confiance de mon ami, j'ai dû verfer dans
fon ame les mouvements de la mienne.
Vous ne m'accuferez point d'avoir tiffu
ce Roman dégoûtant , pour le feul plaifir
de corrompre la douce paix dont vous
jouiffez , on n'invente point ces ténébreux myftères ; mais le jour perce enfin
par quelque veine dans les ombres qui
couvrent la fraude & l'intrigue ; le temps
dérobe au temps tous les fecrets ; M.
d'Autun eft connu , & mes récits font
confignés dans l'opinion de tous les honnêtes gens.

Comment arrive-t il , me dites-vous ,

que cette opinion ne s'élève pas jusqu'au Trône? Hélas! Elle l'environne, & mille intérêts particuliers la détournent. Chose incroyable! L'ombre de M. de M. protége encore l'audacieux Evêq. d'Autun ; le Roi, fidéle à sa première confiance, croit honorer la mémoire de son Ministre en respectant le choix qu'il lui avoit inspiré, & ce Ministre même étoit détrompé, il ne lui a manqué que quelques moments pour se justifier aux yeux de toute la France, corriger l'erreur qui compromet aujourd'hui la Religion & le Gouvernement.

Je dis le Gouvernement; vous m'auriez en effet très-mal entendu, Monsieur le Marquis, si vous n'aviez apperçu dans mes Lettres qu'une simple collection d'anecdotes, ou l'histoire d'une hypocrisie fine & déliée qui ne combine rien, & qui marche au hazard. Non, le tableau du vice heureux, mais isolé & sans projet n'auroit point sali mes pinceaux ; il faut voir plus loin. Le Prédécesseur de la vieille Eminence avoit sacrifié tous les principes, il est vrai ; mais ce brigand aimable & voluptueux étoit sans systême ; une Abbaye, une Evéché n'étoient à ses yeux qu'une fleur, un pompon ; & le travail d'une nomination ne lui paroissoit guère plus important que l'arrangement d'un souper. Ici tout est différent : la corruption a des vues arrêtées, une suite

d'idées profondes, un objet unique, ex-
clufif, & cet objet eft de fondre imper-
ceptiblement l'indifférence philolophi-
que dans les dogmes du Sanctuaire, c'eft
de former fous la bannière de la Religion un parti contre la Religion même,
& de la rendre purement civile & politique. De là la diftinction très-ouvertement
établie entre les Evêques *Evangéliques*,
& les Evêques *Adminiftrateurs*, plus de
difcipline : plus d'études, plus d'émula-
tion, plus de mœurs, tout le jeune
Clergé fe précipite vers ce régime nouveau, & la pente eft d'autant plus glif-
fante & rapide, que *les graces* font l'infaillible prix d'un dévouement très-commode, il ne coute en effet que le facri-
fice de ce qu'on appelle vieux ftyle &
vieux préjugé.

Je fçais qu'on peut oppofer à cette af-
fertion l'édifiant Manuel Touloufain qui
vient d'éclore ; mais ce Manuel a un grand
défaut, c'eft de n'être pas forti des pref-
fes de *Simon*, Imprimeur de M. l'Arch.
de Paris ; il y a des plantes bien faifantes
de leur nature qui laiffent toujours craindre la malignité du fol où elles ont ger-
mé. Quelque foit au refte le recrépiffe-
ment qui peut réfulter de cet enduit
Apoftolique, il n'en eft pas moins vrai
que l'efprit dominant de *la Feuille* doit
allarmer également la fageffe & la p été
de S. M. Si ce jeune Monarque, auffi

vertueux qu'éclairé , fondoit les plaies
de cette Religion , que l'intérêt même
de fon autorité doit lui rendre chère, il
frémiroit peut-être de la profondeur du
mal ; il apprendroit que fon augufte Nom
confacre le principe d'une Adminiftration indécemment arbitraire ; principe
deftructif de tout ordre & de tout bien.
Ofe-t-on porter aux pieds de M. d'Autun
quelque plainte modefte fur le fcandale
de fes préférences ou de fes refus ? Sçavez-vous , Monfieur le Marquis, ce qu'il
répond lorfque l'évidence le preffe : *Le
Roi ne doit rien à perfonne , fes graces
font libres.....* Quoi ! un Prince jufte , un
Prince ami de la Religion ne doit rien à
la Vertu , au talent , au travail , aux
Mœurs....... Et c'eft un Pontife de cette
même Religion qui établit froidement une
maxime auffi défefpérante , c'eft un Evêque qui ne craint pas de calomnier ainfi
fans pudeur les refpectables intentions
dont il eft l'organe & le dépofitaire.......
Ah fans doute les graces du Roi font
libres ; M. d'Autun a le plus grand befoin de le croire. En jouiroit-il s'il eût
fallu les mériter ? Mais du moins que l'erreur de l'autorité s'arrête à lui , vingt
Evêques de France , nommés par l'eftime
publique étoient dignes de la confiance
qu'il déshonore; par quelle fatalité cette
confiance s'eft-elle égarée ? Une intrigue
a tout fait , elle vit cette intrigue , fon

esprit se perpétue , ses fils empoisonnés s'étendent & se multiplient ; il est temps d'éteindre enfin le foyer qui la nourrit... Si ma voix pouvoit s'élever jusqu'à Louis XVI , je lui dirois : Sire , on révère votre auguste Nom dans le nouveau monde , & il est profané au milieu de votre Peuple ; vous combattez au-dehors pour la justice , & au-dedans cette même justice est insultée sans ménagement : vous désarmez , vous enchaînez une Nation jalouse par la sagesse & la pureté de vos vues ; & dans votre Cour , dans le sanctuaire de vos Conseils un seul homme que vous ne connoissez pas répand des nuages sur cette même sagesse qu'il trompe & qu'il dégrade. Connoissez , Sire , cet homme , que votre prudence n'a point choisi , & votre droiture le désavouera. Non , ce n'est point l'écho de la malignité qui retentit dans ce moment au pied de votre Trône : recueillez le vœu de votre auguste Famille , interrogez tous les ordres de l'Etat , consultez la portion Religieuse de votre Clergé , les Evêques dignes encore des beaux jours de l'Eglise , un cri général s'élévera contre le Profanateur de vos pieuses intentions. Si vous retirez votre main , le mépris public qui l'assiége , & contre lequel , couvert de votre Egide , il lutte encore avec audace , se déborderoit tout à coup ; avili , dedaigné , il resteroit seul entouré de son

C v

opprobre; on ne se souviendroit de son
exiſtence, que comme on se souvient
d'un fléau paſſager qui a déſolé la terre.
Son Adminiſtration, Sire, eſt ſi décriée,
qu'on rougit même de ſa faveur, & que
quand des circonſtances qu'il ne peut détourner le forcent à la porter ſur un
homme vertueux, il eſt ſûr de faire un
ingrat....

Telle ſeroit, Monſieur le Marquis, la
réclamation de la juſtice & de la vérité,
elle s'échape en ſecret du fond de tous
les cœurs honnêtes, peut-être formera-
t-elle enfin une maſſe aſſez puiſſante pour
renverſer ſes foibles barriè es qui défen-
dent encore l'hypocriſie & l'impudence :
quel évènement pour la France ? Tout
reprendroit alors dans le Clergé du mouvement & de la vie, un mème eſprit
animeroit tout le Corps Epiſcopal ; la
Reine, dont l'influence eſt aujourd'hui ſi
malignement ſuppoſée pour juſtifier ou
colorer les écarts de la licence & du ca-
price, la Reine jouiroit d'une autorité
plus digne d'elle, ſûre de l'exercer par
les principes qu'elle reſpecte; le Roi lui-
même, que la paſſion du bien tourmente
au milieu des délices de ſa Cour, ne ré-
pandroit des graces que pour honorer la
vertu qu'il aime : & tranquille ſur l'uſage
de cette portion de ſon pouvoir, il verroit la Religion, les talents & les mœurs

concourir avec fa puiffance au règne de la juftice & du bonheur de fon Peuple.

Efpérons cette heureufe révolution, Monfieur le Marquis, le Monarque qui nous gouverne n'a befoin que d'être averti pour être jufte ; mais fi le mauvais deftin de la France conferve l'autorité dans des mains auffi corrompues & auffi avilies, confolons-nous encore, l'opinion publique a mis pour jamais M. d'Autun à fa place ; &, quelque foit le courage qu'il emprunte de l'habitude de la honte, le plus grand des malheurs eft d'être méprifé.

Je fuis, &c.

LETTRE XI.

De Paris, le .... 1783.

EH bien, Monfieur le Marquis, vous me forcez encore à reprendre la plume ; l'occafion eft belle, à votre avis, pour prendre la revanche : avez-vous lu *le Code Touloufain*, me dites-vous avec cet air avantageux qui annonce un victorieux, un homme fûr de fon fait ? *Que deviennent, ajoutez-vous, que deviennent tous vos Romans, le Concordat, ce Triumvirat, que fçais-je, ce tiffu de fables calomnieufes dont vos Lettres font chargées ? Voilà, continuez-vous, la feule apologie qui fied à la vertu, vous ne vous*

C vj

y attendiez pas ; c'eſt du S. Charlès Borro-
mée tout pur ; le charme en eſt ſi puiſſant,
qu'à la place du Manuel d'Épitecte on le
lit en Comité à l'Hôtel de B Il y a éclipſé
le Courier de l'Europe, le Petit Journal,
&c. M. Mettra, Juré-Crieur de toute nou-
veauté célèbre, en débite des lambeaux
aux Thuilleries, enfin la Cour, la bonne
compagnie, les Evêques, les Moines
mêmes, tous le dévorent, tous s'extaſient.
Sçavez-vous à quoi cela reſſemble, mon
cher Marquis, aux cris enroués de ces
Prôneurs de la foire, qui eſcamotent
l'argent d'un Peuple ſot & crédule : *entrez,*
Meſſieurs, vous diſent-il, *la toile eſt le-*
vée, vous allez voir ce que vous n'avez
jamais vu ; on vous rendra votre argent
ſi vous n'êtes pas contents. .. Et moi je
vous dis, à propos de ce Code, que la
toile ne fut jamais plus complétement
baiſſée, le voile plus épaiſſi, que vous ne
voyez rien, ou que ce que vous voyez
n'eſt que preſtige, fantôme, illuſion.
Votre eſtime m'eſt chère, Monſieur le
Marquis, mais j'avoue que ſi l'intérêt de
la vérité n'étoit pas lié ſi étroitement à
l'opinion que vous paroiſſez avoir pris de
ma droiture, je garderai le ſilence, &
je croirois vous punir & me venger aſſez
en vous laiſſant proſtituer votre ſuffrage
à des ſingeries dignes de Nicolet & de
ſes tréteaux.

Oui j'ai lu, comme vous, ce Code

merveilleux , & j'ai ri de bon cœur en y retrouvant tous les traits du charmant Apologue que vous connoiſſez , *le loup devenu berger ;* il ſemble que le bon Lafontaine ait deviné çette hiſtoire ſynodale. Hoqueton endoſſé , houlette , cornemuſe , voilà la toilette Paſtorale , crayonnée dans la plus exacte vérité , & Monſeigneur avoit ſans doute écrit ſur ſa mitre , en caractère lumineux : *C'eſt moi qui ſuis Guillot , Berger de ce troupeau.* Toutes ſes précautions étoient néceſſaires pour aſſurer le ſuccès de la ſcène ; cependant elles n'ont pas ſuffit , l'accent n'a pas été aſſez parfaitement imité , le loup fait de temps-en-temps grimacer le berger , & le bout d'oreille ſe montre quelquefois : au demeurant toutes les dociles brebis , le nez au vent & les oreilles droites, ont écouté *Guillot de ſycophante,* en toute confiance & toute humilité.

Quittons la plaiſanteries , répondez-moi , Monſieur le Marquis , qu'elle étoit la néceſſité de ce Synode tant proclamé , & quel peut en être le fruit ? Par quelle impreſſion ſoudaine de la grace du Miniſtère Monſeigneur s'eſt-il tout-à-coup réveillé de ſon aſſoupiſſement après vingt ans d'Epiſcopat ? Les ſcandales , les abus ſpirituels ont-ils ſubitement allarmé ſa piété ? Toutes les ſentinelles du camp étoient-elles endormies ? La diſcipline étoit-elle ſans force , & le Sacerdoce ſans

honneur ? Non , fi les actes Synodaux
ne font pas un vil échange de flaterie ,
le Pafteur , le troupeau tout eft fublime
tout eft célefte : Monfeigneur lui-même
attefte avec une complaifance vraiment
philofophique , que fi les mœurs de fon
Clergé font plus douces , elles n'en font
pas moins pures ; que fi l'éducation Ecclé-
fiaftique n'eft point encore parfaite , elle
eft très-cultivée , qu'il n'a rien à demander à la foumiffion de fes fidèles coopérateurs , parce qu'ils l'ont accoutumé à
l'abandon de leur confiance.... Ainfi tout
étoit édifiant , encourageant ; & ce bien ,
ce mieux poffible fautoit tellement aux
yeux , que Monfeigneur , par une recherche de vénération & de délicateffe a
cru devoir fupprimer comme injurieux
tous les moyens coactifs que l'autorité
employe dans les temps de foibleffe , &
n'a fupplée les menaces & les peines ca-
noniques , que par des compliments &
des confeils

Il eft donc évident , d'après les tou-
chants aveux du Pafteur & du troupeau ,
qu'un intérêt religieux n'a point néceffité
la célébration de ce Synode , refte un
intérêt temporel , je veux dire , l'accroif-
fement des Portions Congrues ordonné
par l'Affemblée du Clergé , de 1780. Ce
motif , fans doute , eft louable : mais
neceffitoit-il l'apareil de cette folemnité
hiérarchique ? Tous les Evêques de Fran-

ce font également occupés de cet arrangement de justice & d'humanité, ont-ils cru que, pour l'établir, il fallût mettre en activité tous les ressorts de leur administration ? Le fort de quarante Portionnaires exigeoit-il, pour l'adoucir & l'améliorer, que la Chambre Haute & la Chambre des Communes de Toulouse fe réuniffent avec le fafte & l'oftentation de cette ridicule importance.

Je vais plus loin, Monfieur le Marquis, fuppofons que la nouveauté de l'objet, la ftabilité de la contribution, l'uranimité defirable des fuffrages provoquât ce concours éclatant, étoit-il néceffaire d'en faire un fpectacle, & d'inonder la Capitale des détails minutieux d'une petite Police particulière ? Falloit il foudoyer un Evêque, colporteur, qui diftribuât le paquet, comme le remède d'*Agironi* ? Falloit-il attacher à l'annonce d'un fimple *Manuel* l'intérêt d'un Mandement doctrinal (1), l'extraire curieufement de la mine, comme une portion d'or pur & fans alliage, & lui donner, pour ainfi dire, des aîles & la legérete d'un pamphlet, pour en afsûrer la circulation : fi on a voulu élever tout ce fatras, foi difant Paftoral, aux honneurs du Type &

____

(1) Le Mandement philofophique fur le Manuel a été féparé de la maffe des opérations Synodale, & diftribué en petit format.

du modèle , l'entreprise est modeste ; personne ne peut être surpris, sans doute, de voir marcher dans la Liste des PP. de l'Eglise moderne , *Etienne - Charles de Loménie* , immédiatement après *Jacques-Bénigne Bossuet*.

Allons au fait , vous rappellez-vous , Monsieur le Marquis , les réclamations , le soulèvement de tous les vrais Croyants lorsque l'Eglise de Paris fut menacée du régime direct & individuel d'*Etienne-Charles* ; cette réclamation n'avoit été certainement excitée , ni par l'intrigue , ni par la malignité ; le bruit seul, très-vague , très-incertain de cette espèce de calamité fut un coup de tonnerre qui réveilla le sentiment de la Religion dans tous les cœurs L'époque est mémorable, & le souvenir importun de cette époque, attaché comme un poison lent à l'existence de Monseigneur, le poursuit au milieu de ses plaisirs , & gâte ses belles destinées ; fatigué de cette torture intérieure, ce génie fécond en ressources a imaginé de donner un démenti à toute la France ; le projet est vigoureux , & l'exécution digne d'un grand courage Mais quelle machine inventer pour répandre sur cet acte l'éclat & la solemnité nécessaires ? Il rêve , il s'agite , affichera-t-il d'autres mœurs ? Le parti seroit extréme,& l'effet en est lent.. .. L'idée d'un Synode se présente, idée importante qui réunit tout ce qui s'empare de l'attention, je veux dire, la nouveauté, le fracas & les contraftes. De ce moment le Synode eft réfolu, proclamé. Cependant un Synode n'eft qu'une Affemblée obfcure, plébéyenne, concentrée dans la fphère étroite d'un Diocèfe ; n'importe, on lui donnera du mouvement, de la généralité ; on y invitera jufqu'aux Capucins, qui fe profterneront, jufqu'aux Commandeurs de Malthe, qui en plaifanteront, & tous ces hors-d'œuvre étendront l'apareil & le retentiffement de la fcène.

Fort bien, mais il faut y jetter de l'intérêt, un Synode eft froid, quels moyens employera-t-on ? Rien de plus fimple ; on compofera un ambigu, moitié philofophique, moitié fpirituel : il y aura du tout, & il n'y aura rien ; on mâchera à vuide, mais tous les Convives, charmés, fe croiront tranfportés au Banquet célefte, exalteront, remercieront & béniront l'Amphytrion.

Pour former cet ambigu, voici comme on s'y prendra. On conftruira une efpèce de petite Encyclopédie politique Religieufe, réfultante de toutes fortes de matériaux, analoges ou hétérogènes, nul fcrupule fur l'incohérence, parce qu'on frape plus d'efprits par la fingularité dè la bigarure, que par le mérite de l'enfemble, & il ne s'agit pas d'inftruire, il faut étonner ; ainfi toutes fortes de matières entreront dans cette intéreſſante compoſition.

Matières de Religion, pour en impoſer aux imbécilles & dépayſer les clair-voyants.

Matières de bienfaiſance, pour ſe rallier à la Philoſophie, en porter les couleurs, & ſe faire pardonner les brouilles de dévotion.

Matières de Rits & de Cérémonies, pour empâter les Suppots des Séminaires, gens friants de formules, & ne vivant que de Rubriques.

Matières Chirurgicales, pour lier l'inſtitution des Sages-Femmes à l'adminiſtration du Baptême, & prouver qu'un grand Evêque s'occupe également du ſoin de peupler le ciel & la terre.

Peut - être pourroit-on craindre que quelques eſprits moins ſouples & plus épineux ne s'aviſaſſent de contrarier l'effet combiné de cette parade ; pour prévenir ce mécompte, rien ne ſera mis en délibération ; on formera des Bureau, *ad honores*, compoſés d'Eſclaves les plus dévoués, préſidés par un Grand-Vicaire, qui aura le mot ; chaque Séance ſera remplie par la lecture d'un travail tout rédigé, & qui ne ſera point contredit ; le vœu machinal de chaque Bureau ſera porté au Synode, & la collection des Pagodes Toulouſaines, par un mouvement invincible d'admiration, prononcera toujours , en inclinant la tête , *amen* ; fi quelque machine moins heureufement organifée réfifte , cette réfiftance fera cenfée nulle , on ne lui fera pas même l'honneur de la faire figurer dans le Procès-verbal.

On propofera beaucoup d'établiffements très-étrangers à une Affemblée Synodale , mais qui démontreront l'énergie & l'étendue de la bienfaifance de Monfeigneur. Le Bureau Diocèfain auquel on impofera en conféquence de nouvelles charges , fera toujours ventre à terre ; Monfeigneur payera fa contribution en protection & en crédit , morcellement d'Abbayes , conceffions de Prieurés , toutes ces opérations ne lui couteront qu'un mot ; & en vertu du Concordat , le Miniftre de la Feuille obéira.

Le grand , le ventable objet du Synode , eft la recherche & la réforme des relâchements introduits dans la difcipline , recherche qui mettroit Monfeigneur *Etienne-Charles* un peu à découvert. Pour décliner ce qu'on appelle l'argument *ad hominem* , on avouera , ainfi que je l'ai déjà obfervé , que tout eft bien : on fe contentera de faire fur chaque objet quelques réflexions vagues , découfues , fententieufes , ftyle de Notaire ; il eft vrai , abus de papier timbré , n'importe , exhortations , prévoyances , réglements , tout l'Arcenal Evangélique fera ouvert ,

(68)

les Statuts & les Décrets couleront de la
plume infatigable du nouveau Zélateur ;
& du fein de ce Code, Monfeigneur crie-
ra à l'ingrate Capitale qui l'a rejetté : Lis
ces oracles , & rougis de n'avoir pas voulu les entendre ; contemple tous ces biens,
tous ces tréfors d'onction & de grace , &
pleure d'avoir repouffe la main paternelle
qui les répand.

Pas mal , en vérité , Monfeigneur, pas
mal , la drogue eft affez bien apprêtée ,
vous riez fous cape , je m'en doute , &
nous rions auffi , nous qui fommes dans
votre fecret ; mais avez - vous bien calculé la portée de ce charlatanifme ? Prenez-y garde , les fots vous prendront au
mot , & vous voilà condamné à l'Epifcopat : fi vous n'aviez affaire qu'à des
connoiffeurs , ils ne vous chicaneroient
pas , ils regarderoient le Code Touloufain comme *le bon billet de la Châtre*.
Ninon n'étoit pas de meilleure foi que
vous , & *les bons efprits* le lui pardon-
noient.... Malheureufement la révolution
n'eft point encore faite , *les bons efprits*
ne prévaudront point en votre faveur....
Par exemple, Monfieur le Marquis , &
tout ce qui vous reffemble , vous n'aper-
cevez dans cet *Imbroglio* que lumière &
vérité , vous croyez voir l'homme de
Dieu caché là-deffous , que dis-je , vous
le voyez face-à-face , eh bien , où rédui-
fez-vous Monfeigneur Etienne-Charles ?

Comment ne s'eſt-il pas défié de cet em-
portement de zèle, & de ſes conſequen-
ces ? Un homme d'eſprit , tel que lui ,
devoit ſe dire à lui - même , voilà une
campagne Apoſtolique qui ne me rendra
rien ; le produit net eſt un ridicule de
plus ; car les uns ne me croiront pas , &
les autres me croiront trop ; les ſotiſes
combinées ſont des ſotiſes doubles , on
va crier au miracle, & il faudra le ſoute-
nir. L'engagement eſt ſérieux , ce n'eſt
pas avec de la politique qu'on fait de la
vertu....... Ces réflexions & mille autres
ſe préſentoient à la fois , & Monſeigneur
au milieu de ſon Laboratoire Evangélique
auroit dû reſter perclus , être atteint &
convaincu de ce que les Italiens apellent
la *ſoprᵃ aſtutia. Une ſurfineſſe* n'eſt pas
une bagatelle dans la circonſtance dont
il s'agit ; Monſeigneur a vu tout cela ;
que ne voit-il pas ? Qui connoît mieux que
lui le mobile élément de l'opinion , &
Monſeigneur s'eſt lancé dans la carrière ;
comment en ſortira-t-il ? Je ſçais bien
qu'il a produit une partie de l'effet qu'il
s'étoit propoſé ; ſes amis triomphent , &
les indifférents tâtonnent ſans ſçavoir où
ſe prendre ; cependant le plus grand embarras n'eſt pas pour le pauvre Lecteur ,
qui ne ſe laiſſe mener par le nez que
juſqu'à un certain point : quand il a lu
les écrits il obſerve les faits : mais , je
l'avouerai, j'ai peine à me défendre d'une

forte d'inquiétude pour l'Auteur ; se feroit-il flaté de produire un éblouisse-ment durable ? A-t-il présumé qu'un premier mouvement décideroit tout, qu'on n'y regarderoit plus, & que, comme Moïse, environné des éclairs & de foudres de la montagne, il arrêteroit pour toujours l'œil téméraire qui s'obstineroit à l'espionner dans la plaine ? Ma foi, Monsieur le Marquis, je suis tenté de le croire ; je le connois ; il méprise assez le Public pour lui avoir tendu ce piége ; le Public est malin, mais on le déroute aisement ; &, sitôt qu'on a pu introduire quelque flottement dans les opinions, la victoire est certaine, l'audace acheve ce que l'hypocrisie a commencé ; c'est un rôle double, il est vrai, mais les transitions les plus tranchantes ne coutent rien à Monseigneur, toute sa vie n'est qu'une piéce de marqueterie ; souple & versatile, il a toujours l'accent du moment, la couleur de son intérêt & le fanatisme même d'un Capucin ne lui a rien couté lorsqu'il l'a jugé nécessaire à ses vues, bien entendu que ses goûts n'y perdent rien ; car il est le premier Evêque qui ait fait marcher de front l'ambition & le plaisir, la gloire de cette combinaison rare commence à lui. Et voilà, mon cher Marquis, la clef du Code Synodal, voulez-vous le lire, comme il est écrit dans la tête & dans le cœur de Monseigneur ? Rapellez-vous l'histoire des Commices du Clergé en 65 & 70 , l'*Etienne-Charles* , de ces Assemblées, est trait pour trait l'*Etienne - Charles* du Code Touloûsain ; peut - être pourroit - on lui reprocher un peu de stérilité dans les moyens , ainsi que de la monotonie , dans les lazzis ; mais il y auroit autant de maladresse que d'humeur dans ce reproche ; cette uniformité de jeu prouve qu'il ne veut tromper que ceux qui n'y regardent pas. En 65 il fut l'homme du Clergé , pour devenir l'homme de la Cour, Moliniste violent , zélateur supestitieux de pratiques populaires, compilateur en 70 d'une belle Instruction sur les *dangers de l'incrédulité* (ce mot étoit aussi heureux que celui d'un Charlatan, qui distribuoit une recette contre les dangers de l'arsénic) ; Auteur des Actes emportés de l'Assemblée de 65 , contre le cadavre Janseniste ; Rédacteur de l'Arrêt du Conseil qui condamna ces mêmes Actes ; Distilateur des Remontrances Anodines que le Clergé crut devoir opposer à ce même Arrét, il prit tous les masques , parla toutes les Langues, agiota sous toutes les formes : le Prothée de la fable n'est auprès de lui qu'un misérable joueur de gobelets. Ceci me rapelle le trait burlesque d'un Voyageur imprudemment engagé entre une armée Russe & une armée Turque, la position étoit critique, il falloit choifir. Point du tout, il ne choifit point, lorfque les Turcs balayoient la plaine, le pauvre diable difoit: Apportez-moi mon Turban, & il étoit Turc. Les Ruffes reprenoient-ils la fupériorité, il crioit : Apportez-moi ma Peliffe, & il devenoit Ruffe : voilà Monfeigneur Etienne-Charles mot pour mot.

Soyons juftes pourtant en appréciant ce dernier tour de gibecière, & entrons dans les vues du Manipulateur; dabord il eft évident qu'il en coute bien moins de fe mettre au rang des Evêques par des Mandements, que par des vertus. D'ailleurs, qui fe chargeroit du rôle de Lé-giflateur, s'il falloit fe foumettre à fes propres Loix ? Licurgue enchaîna fes Concitoyens ; mais il fe garda bien de refter au milieu d'eux: & vous conviendrez, Monfieur le Marquis, que ce Licurgue, quittant Sparte après avoir tenu fon Synode comme *Monfeigneur*, eft une autorité bien refpectable contre la Réfidence à Touloufe. La Loi établie, fauve qui peut, c'eft la faute des Poftillons, qui emportent la voiture, & laiffent là les principes; toujours a-t-on dit ce qu'on devoit dire, & la douce paix de la bonne confcience vous fuit par-tout : ce n'eft certainement pas Monfeigneur qui a inventé ce mot célèbre & commode, *faifons jeûner nos gens ;* mais il a du moins le mérite de l'avoir très· heureufement appliqué

dans

dans une circonstance capitale, car ce mot étoit évidemment dans sa pensée lorsqu'il dessinoit à grands traits, & d'une manière si large, le magnifique édifice de Discipline & de Mœurs dont il nous a donné le plan. *Faisons jeûner nos gens*, c'est le mot substantiel du Code Episcopal, & avec ce mot Monseigneur fera face à tout.

Le rencontrez-vous au théâtre de Me de M. oubliant les grimaces Synodales, parmi les jeux de Thalie & de Terpsicore ; il vous dira, vous croyez que je me damne ici en bonne fortune, point du tour, on prie pour moi à Toulouse : lisez mon Code, vous verrez que *je fais jeûner mes gens*, comme ce régime est solidaire il acquitte mes dettes, & quelque leste que soit ma conduite le diable n'y gagnera rien, je suis aussi fin que lui. Le retrouvez-vous à la Cour dans les fouilles de l'intrigue, dans les souterreins de l'ambition, écoutant aux portes, épiant les fausses marches de quelque Ministre pour tâcher de gagner le vent, il vous dira : J'ai distribué les rôles, chacun est à sa place, & j'ai pris la mienne, ne vous scandalisez pas, j'ai pourvû à tout, ouvrez mon Code, voyez comme *je fais jeûner mes gens*, les pauvres diables sont tenus court, & moi j'ai mes coudées franches, cela est dans l'ordre. Le surprenez-vous au milieu des délices de Brienne, épuifant toutes les délicateffes du luxe, environné d'une Cour lefte & brillante, occupé de fêtes, préparant une chaffe, une comédie, un Sacre d'Evêque à l'ufage des Dames, & votre Code, Monfeigneur... Eh bien, mon Code, répondra-t-il, n'eft-il pas Chrétien à outrance? Ne *fais-je pas jeûner mes gens*? Qu'exigez-vous de plus? Voulez-vous qu'un Arch. de Touloufe foit Chrétien comme un autre? Ce feroit bien la peine d'avoir cent mille écus de rente : les petites Loix font faites pour la canaille, auffi je l'ai bridée à plaifir; mon Code eft précifément l'inverfe de l'ingénieufe Fable du Renard qui a la queue coupée : je la coupe à tout le monde, & je garde la mienne....

Vous voyez, Monfieur, le Marquis, que tout s'arrange, le Diocèfe va fon train, & Monfeigneur auffi : la combinaifon eft profonde, je l'avoue, c'eft le Logogriphe le mieux fait dont le Mercure de France fe foit jamais chargé ; mais avec un peu d'ufage de cette tablature, on devine le mot. Pardon fi je me fuis permis de vous traduire ce Chiffre Paftorale, & de vous en donner la clef; je devois cette franchife, ou plutôt cette complaifance à votre admiration même; une fois défabufé du culte que vous imaginiez devoir lui rendre, vous n'auriez apperçu dans cet Ouvrage qu'imprudence & maladreffe, vous n'auriez vu dans

l'Auteur qu'un homme follement amou-
reux d'une confidération à laquelle il ne
peut plus prétendre, embaraffé dans fes
propres artifices, & l'eftime due aux ra-
res talents de Monfeigneur Etienne-
Charles en eût fouffert : à préfent vos
idées ont reçu le pli convenable ; vous
voilà au courant, & vous lifez dans fon
ame comme lui-même. Nourriffez-vous
tant qu'il vous plaira de la moëleufe doctrine de ce Code, je ne m'y oppofe
plus, le charme eft apprécié ; vous y
trouverez l'homme d'efprit, le Moralifte,
le Légiflateur, le Philofophe, tout, ex-
cepté l'Evêque qui édifie ; &, après avoir
bien médité ce grand Œuvre, vous fini-
rez par le reléguer pour l'inftruction des
Antichambre dans la Bibliothèque des
Romans.

LETTRE XII.

A Paris, le .... 1783.

Vous êtes, mon cher Marquis, un enfant gâté de la Providence : avec quelle
perfévérante attention elle s'occupe de
vos jouiffances & de vos plaifirs. Encore
un Mandement, & quel Mandement ;
car vous imaginez bien que je ne parle
pas de ces Hymnes de commande qu'on
répète à l'uniffon dans tous les Diocèfes
en l'honneur de la Paix ; mifère que cela,

Je parle de la grave & solide Instruction qu'on a , je crois, composée toute exprès pour vous dans le Palais Archiépiscopal d'Aix ; qu'elle bonne fortune ? Je ne puis me défendre de la tentation de vous en féliciter, l'année, je l'avoue, est très abondante en Catéchismes ; vous triomphez Monsieur le Marquis ; les Pontifes *Curés* ne disent pas un mot , ce font les Evêques *Philosophes* qui tiennent le Dez.... Qu'on crie après cela que le Vaisseau de l'Eglise flotte au gré des Doctrines nouvelles , qu'aucun Pilote ne veille , & que tous les Passagers s'enivrent ou s'endorment sans sçavoir où ils vont , ni d'où ils partent ; voilà Monseigneur *Etienne-Charles* & Monseigneur *Jean-de-Dieu* qui donnent à ces absurdes Calomniateurs le démenti le plus formel. Que prétendent en effet ces Détracteurs atrabilaires , qu'exigent-ils de plus? Monseigneur *Jean-de-Dieu* n'a-t-il pas généreusement quitté sa Chaire de Métaphysique à Paris pour aller s'ensevelir à Aix dans la poussière des Conciles & des vieux Monuments? N'est-ce rien que ce sacrifice ? N'a-t-il pas formé une nuée majestueuse de citations, à travers desqu'elles il invite les subtils Provençaux à lui dérober sa pensée? C'est peut-être une espiéglerie ; mais, au bout du compte, n'est-ce pas un travail ? Les mauvais Plaisants prétendent qu'il a toujours voyagé dans son Elément , qu'en changeant d'athmosphère n'a fait que changer de ténèbres ; qu'importe , il a parlé , & il sçait bien à qui il parle : oh , le Clergé & Séculier & Régulier du Diocèse d'Aix a la vue perçante ; de temps immémorial il est en possession de saisir le mot de tous les Logogriphes ; &, déchiffrer le profond Mandement de Monseigneur *Jean-de-Dieu* n'a dû être pour tout le troupeau qu'une bagatelle, un jeu ; aussi Monseigneur a-t-il été si flatté d'être presque entendu à Aix , qu'il a jugé que son Enigme pouvoit tenter la sagacité des *Elus* & des oisifs de la Capitale; on la trouve ici dans quelques Sacristies, sur quelques Bureaux de Conseillers d'Etat ; mais, pour exercer les bons esprits, je ne doute pas que le petit Journal, dans une crise d'indigence , ne se charge de la faire circuler par lambeaux , & n'en promette le mot pour le lendemain , de la part de Monseigneur.

En attendant, mon cher Marquis, je vais vous faire part de ce que j'en pense ; car je devine aussi quelquefois, & je pourrois vous assûrer , quoique je n'aye pas l'honneur d'être Provençal , que je suis dans le secret de Monseigneur , peut-être un peu plus avant que toutes ses Ouailles ensemble.

J'ai analysé avec vous le magnifique *Opéra* de Monseigneur *Etienne-Charles*, représenté à Toulouse le 2 Novembre pernier. Son premier Violon,, Monsei-

gneur *Jean-de-Dieu* ne s'eſt pas tout-à-
fait élevé au même ton; mais le 28 Dé-
cembre il a joué à peu-près le même air
dans ſon Palais Pontifical d'Aix : c'eſt un
Concert de Clarinettes Epiſcopales, qui
ſemblent ſe répéter par échos; peut être
aurons-nous encore quelques *caprices* du
même Rytme & de même mode; quoi-
que l'effet en ſoit meſquin , & qu'il faſſe
grimacer les véritables Artiſtes , il peut
ſéduire juſqu'à un certain point les oreilles faciles & complaiſantes des ignorants
& des ſots.

Quittons la figure , vous ſavez , Monſieur le Marquis , qu'il s'agit de venir au
ſecours *des Portionnaires Congruiſtes* ,
dont les revenus ne ſont pas en propor-
tion des beſoins : objet de juſtice locale &
de diſcipline partielle , qui , loin d'exiger ,
comme je vous l'ai fait obſerver , le fracas d'une déclamation publique , conſeil-
leroit au contraire le choix des moyens
tempérés , & couvert du voile de la plus
ſage circonſpection. Mais nos Seigneurs
philoſophes aiment l'éclat ; il ne s'agit
pas de faire le bien , il s'agit d'afficher
la prétention de le faire. -- Le bien eſt
ſouvent obſcur ; mais la prétention affi-
chée , tout le monde le regarde , on eſt
cité , prôné , ont fait des admirateurs &
des dupes ; c'eſt toujours un produit net ,
& la philoſophie de ce ſiecle n'a jamais
négligé ou manqué ce calcul.

Or, mon cher Marquis, qu'aprend-on par ce large Mandement bourré de Conciles, obſtrué de Pères, compilation lourde & ſéche, où le luxe d'une erudition plaquée deborde de toutes parts, *unus & alter aſſuitur pannus ?* ce qu'on apprend! rien, il eſt vrai de ce qui peut éclaircir les doutes, & remplir le vœu de la dernière aſſemblée du Clergé ; ce Mandement eſt un problême de droits, ajouté à un problême de faits ; mais en récompenſe on apprend que Monſeigneur *Jean de-Dieu* emploie tout ce qu'il a d'eſprit à obſcurcir ſon jugement, & à dérouter celui des autres, qu'il fait des efforts extraordinaires pour ſoulever un grain de ſable qu'il ne remue point, que les objets les plus ſimples vus à ſon téleſcope prennent une forme qui les groſſit ſans utilité, & les agrandit ſans intérêt. On apprend que Monſeigneur, en s'enfonçant dans les principes, ne les a point connus ; qu'il ne ſçait ni ce qu'il veut dire ni ce qu'il veut qu'on entende, & qu'il n'a puiſé dans les réſervoirs anti-ques que pour en former un lac d'eaux ſtagnantes & bourbeuſes, à travers duquel le pauvre Lecteur ſe ſauve à la nage comme il peut.

Car de bonne foi, Monſeigneur, pourroit-on lui dire, que nous importe, & qu'importe à la queſtion toute cette rapſodie de diſcipline & de régime primitif

que vous & vos auxiliaires avez pris plaifir à extraire du cahos ? Ce étalage fait
pitié, parce qu’il eſt étranger à votre objet ; les temps, les circonſtances, les uſa-
ges, les règles mêmes, rien ne ſe reſſemble. Il s’agit d’un autre ordre de choſes,
d’un autre peuple, qu’en penſez-vous,
vous-même, Monſeigneur, ce flux de
Doctrine eſt donc auſſi ridicule qu’inutile ; car certainement on ne vous ſoupçon-
nera pas d’avoir rappellé la première adminiſtration des Egliſes, avec l’intention
& le projet d’en ranimer l’eſprit, & d’en
adopter pour vous-même les exemples
& les Loix. Il y a plus ; ces raproche-
ments trop curieuſement recherchés ont
un inconvénient ſenſible, & dont votre
chicaneuſe ſagacité auroit dû vous aver-
tir. L’effet le plus certain de ces tableaux
indiſcret, quoique croqués, eſt de reveil-
ler la jalouſie du ſecond Ordre Paſtoral,
& de provoquer ſon inſurrection. Vous
avez beau vous envelopper de phraſes
emmeillées, agiter, tourmenter vos en-
trailles, ſoi-diſant paternelles, on vous
répondra : Entendons-nous, Monſeigneur
Jean-de-Dieu, voulez-vous faire revivre
la charité chrétienne ? Voulez-vous établir le niveau philoſophique ? Choiſiſſez:
dans les deux cas, n’écrivez point, ne
compilez point ; mais quittez le faſte de
la capitale, réſidez à Aix, & du ſein de
votre palais verſez ſur vos Coopérateurs

indigents une rofée bienfaifante , fans chercher dogmatiquement les raifons d'être jufte , fentez mieux la néceffité de l'être , & affurez-vous-en le mérite ? L'exercice de cette juftice ne feroit pas Loi , j'en conviens , mais , en attendant la Loi , l'exemple la fuppléeroit , & peut-être en produiroit une dans la première Affemblée du Clergé , qui honoreroit la religion & fes principes.

Voilà ce qu'on appelle , mon cher Marquis , aller droit au but ; cette marche eft fimple , elle n'eft embarraffée , ni de Docteurs , ni de Pères , ni de Conciles. Eft-il néceffaire en effet d'élever fi haut fes tréteaux pour prouver à fon Diocèfe qu'il faut que tout le monde vive ? Monfeigneur a bien dîné quand il compile ; mais les pauvres diables de *Congruiftes* , condamnés à le lire , à l'admirer , & qui plus eft à l'entendre , puifqu'il s'agit de leur intérêt , fe font encore exténués dans cette laborieufe étude , & je fuis convaincu que la moitié de fon Clergé mâchant doublement à vuide pendant la lecture de cette belle inftruction , eft aujourd'hui fur les dents.

Monfeigneur s'eft douté auffi , après avoir fecoué la pouffière des *in-folio* , & pour ne pas fe compromettre avec tous les cerveaux deffechés par la froide collection de tant de hors-d'œuvre , eft il venu tout rayonnant fe rallier à fon chef

Monseigneur *Etienne-Charles*. Repréfen-
tons-nous deux Augures qui fe rencon-
trent .. Eh bien, mon Mandement , a dit
Jean-de-Dieu; bravo , a répondu *Etienne*,
point d'objet , point de réfultat , ils n'y
entendrons rien , c'eft un coup de génie ;
mais mon code. ---Oh , votre Code ad-
mirable , divin , c'eft la plus induftrieufe
machine qu'on inventera jamais dans l'E-
glife *politique*. -- Il eft vrai, nous avons
partagé entre nous les honneurs & les
fiécles ; à vous le département des vieilles
fouilles , à moi celui des modernes. Nous
faifons face par-tout...... Oui , nos Seigneurs ; mais on ne paye de fa perfonne
nulle part , & il faut avouer que jamais
Chefs de fectes n'eurent une conduite plus
uniforme ; car fi Monfeigneur Etienne
fait jeûner fes gens , Monfeigneur Jean-
de-Dieu n'a laiffé à fes *Portionnaires* qu'un
os à ronger ; tout eft d'accord. On pourroit obferver en rigueur que le lazzis ne
valloit pas trop les frais de voyage ; cependant pour la Capitale l'objet eft toujours rempli, on s'eft montré, on a fait
un peu de bruit , les petites réputations
fe foutiennent & fe gonflent quelquefois
par ces petits moyens ; fi vous voulez ,
mon cher Marquis , former votre opinion
fur toutes ces manœuvres , rappellez-vous
l'idée mère qui dirige invariablement le
parti , & vous appercevrez au premier
coup-d'œil, une liaifon, un enfemble qui

vous étonnera. Monseigneur *Jean-de-Dieu*
n'ignoroit pas qu'il le barbouilloit très-
gratuitement de la lie Doctrinale des
premiers temps, & que la circonstance
se refusoit à l'appareil d'un Mandement,
mais comme on pouvoit donner à ce
Mandement une demi-teinte d'Administration civile, on a jugé qu'il n'y avoit
rien de mieux à faire pour l'honneur &
la considération des Apôtres politiques,
que de parler lorsque les Evêques de la
Foi se taisent. La singerie alors a tout son
effet, & le Public n'est point partagé, &
ce bon Public, qui lit peu les Mandements, suppose toujours du zèle là où il
n'y a que du charlatanisme & du galima-
tias. Je vous le répète, mon cher Marquis, toute cette conduite est calculée,
combinée ; mais au fond elle est gauche
& maladroite, on croit aller à la célébrité, on ne va qu'au ridicule, & la gau-
cherie de Monseigneur *Jean-de-Dieu* est
d'autant plus complette, que son gothi-
que bavardage n'a rien à espérer de l'en-
gouement du beau sexe : c'est le plus
puissant narcotique connu ; je suis per-
suadé que l'ingenieux Bartès, qui veut
dominer la nature par l'imagination, en
ordonnera la lecture avec succès dans
toutes les crises inflammatoires.

    Je suis, &c.

M. DCC LXXXIII.

LETTRES secrettes sur l'état actuel de la *Religion* & du *Clergé* de France, à M. le *Marquis* de ...., ancien Meſtre de Camp de Cavalerie, retiré dans ſes Terres.

LETTRE XIII.

J'AI quitté la Capitale, M. le Marquis, pour aller reſpirer dans la ſolitude un air calme & pur, loin des ſcandales & du bruit ; & je ne m'attendois pas que vos obſervations, vos anxiétés, vos ſcrupules me ſuivroient dans ma retraite. Pourquoi me forcez-vous à reprendre des crayons déjà trop ſalis par la turpitude & l'opprobre de M. l'Evêque d'Autun ? Comment voulez-vous qu'on remue éternellement cet amas de fange & de boue ? J'aime la religion & la vérité ; mais les obligations particulières de mon état, ne m'ont point mis les armes à la main pour défendre l'une & venger l'autre : j'ai gémi avec vous, en Philoſophe Chrétien, en Citoyen ami de l'ordre ; j'ai verſé ma penſée dans votre âme honnête & pure, vous avez provoqué

A

ma confiance : pourquoi l'avez - vous rendue publique ? Vous ſçavez que je n'ai jamais eu, que je n'aurai jamais aucun rapport avec M. d'Autun ; j'excepte cependant un ſeul cas, celui où, par une combinaiſon d'événemens biſares, on me feroit Gouverneur des *Petites Maiſons* : alors ſuccédant aux nobles fonctions de M. l'Abbé *Hemé*, je ne pourrois me défendre d'une rélation néceſſaire avec Monſeigneur, & je ſerois conſtitué par devoir *le Grand-Vicaire laïque de ſa tête.* Vous croyez que je plaiſante ; point du tout : on me mande de Paris que cet arrangement eſt à moitié fait, démence déclarée, cervelle de Monſeigneur en fuſion. Comme l'étoile de ce Huſard l'a toujours bien ſervi, il y a à parier que, dans ce moment, les débris de cette pauvre tête vont être mis en ſéqueſtre comme ceux de ſon Frère, & de quelques autres de même nom & armes. En vérité le moment eſt heureux, la place du *Père éternel* eſt vacante : or vous conviendrez qu'après avoir été le Sur-Intendant de de l'Egliſe de France, il eſt difficile de finir cette brillante carrière par un plus beau rôle.

Sçavez-vous, mon cher Marquis,

que vous mettez ma patience à une violente épreuve ? De bonne-foi, votre
conduite est étrange : quoi ! par un mouvement de zèle pour la religion & les
mœurs, vous trahissez le secret de votre ami, vous publiez mes Lettres ; &
puis, par un autre mouvement rétro-
grade, vous me rendez comptable de
l'impression qu'elles font ! C'est pour
vous que j'écris, & vous voulez que
je réponde au Public : A merveilles ?
Eh ! que m'importe à moi votre mépri-
sable M. d'Autun ? Grace au ciel je ne
suis ni un de ces honorables Chevaliers
de S.-- Louis, boiteux & mutilés, qu'il
éconduit, ni un de ces merveilleux Abbés qu'il endort, ni un de ces respecta-
bles Pasteurs qu'il trompe, ni un de ces
faméliques Porte-Dieu qu'il balaie dans
ses audiences ; je n'ai point d'injure personnelle à venger ; son insolence ne peut
m'humilier, son injustice ne peut m'atteindre ; je plane sur sa tête. Mais je ne
refuse point le combat. Eh bien ! que dit
ce Public si délicat & si tolérant, ce Public qui se pardonne les calomnies, lorsqu'il s'agit de tout autre intérêt que celui de la Religion ? Voyons, mon cher
Marquis ; ne me ménagez pas : il dit

que la diffamation n'eſt jamais permiſe ; que la *charité* eſt bleſſée dans mes Let-res; que le ſort de tous les Miniſtres eſt d'être pourſuivis par des Cenſures anonymes, dont les honnêtes gens & les ſages ne tiennent aucun compte. Eſt-ce tout ? fort bien ; & moi je réponds :

Je fais partie de ce Public, dont l'œil eſt toujours ouvert ſur les déſordres mi-niſtériels qui échappent à la ſageſſe ou à la vigilance de l'Autorité. J'ai vu, depuis ſix ans, l'édifice de la religion & des mœurs s'écrouler dans les mains de ce Prélat ſans principes & ſans pu-deur, les anciennes régles décriées, les bonnes diſciplines mépriſées, les talens ſans récompenſe, les vertus ſans honneur ; j'ai vu le prix du mérite humble & modeſte proſtitué à la licence & à l'au-dace ; l'inutilité, la baſſeſſe & l'intrigue engraiſſées du patrimoine de l'Egliſe, qu'elles font ſervir au débordement du luxe & des voluptés les plus profanes ; j'ai vu dans le ſanctuaire une conjura-tion formée contre le ſanctuaire même ; les ſaintes ſollicitudes des autels défi-gurées, dédaignées par des petits Chi-fonniers d'adminiſtration, entêtés des

(5)

vapeurs d'un Catéchisme Politique, qu'ils traduisoient sans l'entendre ; & ma raison s'est indignée, mon âme s'est révoltée : pressée, pour ainsi dire, par cette masse de scandales, elle en a, en quelque sorte, soulevé le poids, en laissant échapper la vérité qu'elle ne pouvoit plus retenir. Si tous ces faits sont vrais, c'est une lâcheté de les taire : s'ils sont connus, ce n'est plus un crime de les publier.

Cette considération seule suffiroit sans doute pour justifier mes Lettres : mais, pour éteindre tous les scrupules, je vais, mon cher Marquis, l'appuyer de quelques détails.

Tout Citoyen est le défenseur naturel de ses propriétés ; son honneur, ses biens sont, il est vrai, sous la garde des Loix ; mais ces Loix sont muettes ; & tout Citoyen a le droit d'exciter leur activité, lorsque ses jouissances morales ou civiles sont troublées : or quelle possession plus sacrée que ma religion & ma foi ? Quelle propriété plus précieuse que les espérances d'une autre vie ? Parlons sans amertume, & dites-moi, mon cher Marquis, vous qui avez encore le bon esprit de croire en Dieu, ſi, parmi les Evêques, il en exiſte un qui ait l'audace de combattre la Religion avec ſes propres armes, pourrez-vous vous défendre d'un mouvement d'indignation & d'horreur ? Ne ſentirez-vous pas que ce perfide miniſtre vient ſe placer comme malgré vous au milieu de votre âme pour en ébranler tous les principes, y ſemer le germe du doute & de l'incrédulité, & vous diſputer vos plus douces conſolations ? N'eſt-ce pas là cet ennemi public marqué du ſigne de la *bête*, contre lequel la Piété, juſtement alarmée, a le droit de réclamer ? Ce droit, mon cher Marquis, eſt le droit naturel de tout Chrétien rempli de cette ſainte intrépidité qu'inſpire l'attente des jours éternels : l'exercice de ce droit eſt le plus pur, & le plus noble hommage qu'il puiſſe rendre à la Religion qui les lui promet. Il faut crier au foibles ; Non, ne les ſuivez pas, ces guides infidéles ; l'abîme eſt ſous leurs pieds, ils le couvrent de fleurs ; & vous ſçavez que les voies de J. C. votre Maître ne ſont ni molles ni voluptueuſes. Il faut que ce cri réveille, affermiſſe la foi chancelante de tous, & faſſe tomber des mains de ces novateurs le poifon le plus puiffant qu'ils emploient, pour corrompre la vérité dans toutes les confciences.

Quel trouble, en effet, doit s'élever dans mon cœur, lorfque je vois cet apoftolat d'impiété fe foutenir à l'ombre du Thrône, & rendre, en quelque forte, complice de fes fuccès la fageffe d'un Monarque vertueux qu'il féduit ou qu'il trompe ! Quoi ! moi, pere de famille, je formerai mes enfans au refpect des Oracles faints, aux promeffes d'une vie future, au goût & à l'exercice des vertus religieufes ; je verrai ces Oracles infultés, ces promeffes démenties par le même Pontife dont le premier devoir eft d'en fortifier l'attrait & l'autorité; je verrai que ces vertus n'obtiennent rien, qu'on les déshérite dès ce moment même, & qu'on leur arrache les efpérances de l'autre par l'afcendant des exemples les plus pervers ; & il ne me fera pas permis de fonner l'alarme, de dénoncer ce fléau qui ravage & dévore mes plus cheres propriétés, celles des générations & des fiécles à venir, la Religion & la Foi ! Voilà donc le catéchifme du triumvirat adopté,

A iv

confacré par le régime public : nous voilà déferteurs de la révélation. Fermons nos temples , détruifons nos fanctuaires ; ne confervons qu'un fimulacre d'enfeignement vague & d'inftruction arbitraire , fait pour les dernières claffes d'une populace aveugle & ftupide. Ce que n'a pu l'infatigable Voltaire, renforcé de toute l'audace de fes Aides de camp, un Evêque , un Miniftre de la *Feuille* l'exécutera feul par le fcandale de fes mœurs , & l'abus perféverant de fon pouvoir!

Eft-ce là une déclamation , mon cher Marquis , ou la peinture trop fidèle des maux qui affligent l'Eglife , & des des maux encore plus grands qui la menacent ? Or , dans ce concours de malheurs & de périls , quelle Loi, quel Tribunal invoquerai-je , fi la réclamation ne m'eft pas permife? Fautil attendre que l'excès même de ces maux en néceffite le remède? Mais penfez-vous qu'une Religion qui réprime , qui contrairie , reprenne aifément l'empire qu'elle aura perdu par l'efpèce d'apoftafie déclarée de fes prémiers Miniftres? Penfez-vous que le pli de tout un peuple dégénéré dans sa morale comme dans sa croyance, soit facile à redresser ? Faut-il espérer que l'opinion publique s'armera enfin contre le coupable, & montrera jusqu'au Thrône, pour en attirer le juste & trop tardif châtiment ? Mais cette opinion a-t-elle une voix distincte ? forme-t-elle un décret que le Souverain puisse recueillir ? Ce décret, je l'ai consigné dans mes *Lettres*. Quelle voix s'est fait entendre pour me démentir ? Le vice a pâli, les honnêtes gens courageux ont applaudi, les timides & les foibles ont laissé seuls échapper un gémissement sourd que leur conscience désavoue. Où sont les Apologiste de M. d'Autun ? Qu'il se montre, l'homme assez perdu pour ôser justifier un Ministre aussi coupable, & un Ministère aussi dépravé ; je l'attends avec une *réserve* accablante. Je sçais tout ; mais je n'ai pas tout dit : de ce choc résultera une plus grande lumière ; le meilleur, comme le plus vertueux des Rois, sentira plus vivement que ses pieuses intentions sont trompées. Voila, mon cher Marquis, le moyen infaillible d'éclairer la sagesse de Louis

XVI , moyen unique , moyen légitime.

Vous avouerez , fans doute , qu'en qualité de Cafuifte , le célébre Arnaud en vaut bien un autre. Que penfoit - il de la liberté d'écrire , lorfque les fcandales des Chefs de la Religion portent une atteinte mortelle aux principes de cette Religion même , & menacent de précipiter toute une Nation dans l'égarement & la licence ? Lifez les Œuvres de ce grand Homme ; vous y verrez cette liberté , non - feulement autorifée , mais commandée par l'Efprit même de l'Evangile & du Chriftianifme.

« Quelques dévots s'imaginent , dit-
» il , qu'il n'eft jamais permis de
» rien dire qui foit défavantageux à
» la perfonne des Miniftres de l'E-
» glife ; je ne crains point d'affurer
» qu'il n'y a rien de plus pernicieux
» que cette prétention : c'eft ce qui
» entretient dans l'Eglife les plus
» grands abus , parce que perfonne
» n'ôfe ouvrir la bouche pour les
» décrier ; c'eft ce qui fait que les
» Prélats les moins réglés ne fe ré-
» veillent jamais de leur affoupiffe-

» ment , parce qu'ils n'entendent
» que des flateurs qui les trompent ;
» c'eſt ce qui eſt cauſe qu'on n'a
» point d'horreur des plus grands
» déréglemens , & qu'ils paſſent même
» dans l'eſprit du peuple pour des
» choſes légitimes , parce qu'il ne
» voit point qu'on en faſſe ſouffrir
» aucune confuſion à ceux qui en
» ſont coupable » . *Arnaud* , *Tome XXII* , *p.* 419.

Voulez - vous ſçavoir comment il s'exprime ſur les *Lettres Provinciales* , Ouvrage encore plus raproché de l'objet préſent ? Ecoutez-le :
» Sitôt qu'on eut commencé , dit-il ,
» à parler de morale & à traiter les
» Jéſuiſtes de cette manière vigou-
» reuſe & fine qui emporte la piéce ,
» nous n'entendîmes que des mur-
» murs & des plaintes des dévots
» & des dévotes , qui croyoient que
» cette manière d'écrire n'étoit pas
» chrétienne ; qu'il n'y avoit pas
» de charité , que les gens de bien
» en étoient ſcandaliſés. Mais nous
» tînmes bon , & l'Egliſe s'en eſt
» bien trouvée. » *Ibid. Tom. XXVII.*
p. 62.

A vj

Voilà mes autorités , mon cher Marquis ; la réalité, la publicité du désordre absout donc le Censeur : or suis-je ici l'Echo de la calomnie ? Hélas ! M. d'Autun désespéroit un ennemi recherché dans ses vengeances, en lui ôtant le plaisir d'exagérer. On pourroit dire de lui ce que disoit Duclos de Louis XI : Qu'il est impossible de le calomnier. Ai-je fouillé dans les secrets de sa vie ? L'abus d'un grand pouvoir jette nécessairement de l'éclat sur les mœurs privées. *Le pauvre homme* n'a pas senti que l'abandon dans le despotisme & dans l'orgueil trompe toujours la prudence : aussi n'est-ce point une délation obscure que je me suis permise. Je ne vous l'ai montré qu'escorté du mépris public. Sa diffamation est dans toutes les bouches, dans tous cœurs ; je n'ai fait que le retourner dans la fange dont il est couvert ; tout étoit prononcé, je n'ai ni averti, ni instruit, ni surpris personne ; j'ai parlé le langage de tous les Citoyens, de tous les Magistrats, de tous les Courtisans, de tout le Corps Episcopal, de toute la France. Je dirai plus : dans les sociétés où , grace à vous , mes Lettres sont

lues, le Commentaire eſt mille fois
plus accablant que le Texte. Si j'écou-
tois aux portes, je recueillerois une
foule d'anecdotes bien plus humiliantes :
mais je m'y refuſe : que ferois-je de cette
proviſion de ſcandales ſurannés, contre
leſquels Monſeigneur réclameroit la
preſcription ? Il y auroit une ſorte de
barbarie à les rajeunir : le courant me
ſuffit ; &, en vérité, je n'ai que l'embarras du choix, je regorge.

Ce n'eſt donc pas moi, c'eſt la vérité
qui le pourſuit ; ſa propre ſenſibilité
l'accuſe : il mugit, m'écrit-on, il écume,
il pleure. L'honnêteté, l'innocence ne
connoît ni cet abattement, ni ces fu-
reurs. Tranquille, elle laiſſe ſiffler les
ſerpents de l'envie, dont le poiſon ne
peut l'atteindre ; mais la honte & le
vice ne peuvent contrefaire ce calme.
Il y a une juſtice terrible qu'on ne peut
éviter ; celle que le remord exerce dans
le cœur des vils marauds démaſqués ; &
l'impreſſion de cette juſtice a été ſi vive
ſur Monſeigneur qu'elle a dérouté juſqu'à *l'Inſpecteur* que la ſageſſe prévoyante de ces Collegues lui avoit
donné. La tête a tourné *au grand Vicaire de la tête* : audiences, nomina-

tions, courses de grisons, intrigues,
cabales, tout a été suspendu ; il a fallu
travailler à froid ces deux cerveaux dé-
traqués, & ce n'est qu'après de longues
manipulations qu'on les a rémis à-peu-
près au courant. Dans ce moment de
crise, M. d'Autun éroit si loin de lui-
même, qu'on auroit pu lui faire signer
à volonté une de mes Lettres avec pa-
raphe, *ne varietur*. Convenez, Marquis, que le trait eût été piquant : repré-
sentez vous sa surprise, au reveil du
reste de sa raison : comment ! j'ai signé
cela ? Oui, Monseigneur c'est un mouvement de bonne foi machinale ; la candeur, l'équité se font sauvées dans ce
moment au bout de vos doigts. Où se
placeroient-elles ? Vous sçavez qu'elles
n'ont point de poste dans ce vaste indi-
vidu ; que la Nature semble avoir em-
prunté pour vous de la pâte helvétique :
il a bien fallu que dans le cours de vôtre
trop long ministère vous ayez été juste
une fois, & vous l'avez été contre vous-
même : en vérité vous finissez par un
acte héroïque. Eh-bien ! mon cher Marquis, je suis convaincu que ce contre-
sens perpétuel ; il le sçait, il le sent ;
que dis-je, il en jouit. Lorsque la

collection de ſes opprobres a été miſe ſous ſes yeux, je vous proteſte qu'il n'a été ſurpris de rien. Je connois même certains traits auxquels il a ſoûri : par exemple, la fine allégorie de *ſes vertus ſecrettes* l'a beaucoup amuſé. Oh ! on n'abandonne pas aiſément ce mérite ; il lui aſſure une belle vétérance, & quand les moyens paſſent, on eſt toujours bien-aiſe que la réputation reſte ; les bons eſprits profitent de tout.

Vous voyez donc bien, mon cher Marquis, qu'au fonds j'ai mieux ſervi M. d'Autun qu'on ne le penſe. Quel précieux monument de ſon miniſtère que mes Lettres ! L'adminiſtration de ſes deux Prédéceſſeurs ne tient aujourd'hui preſque aucune place dans l'opinion publique ; elle ne peut s'élever qu'au foible éclat d'un ſcandale intermitent. La ſienne, d'une couleur tranchante & décidée, deviendra du moins l'entretien des races futures ; car la Providence ne permettra pas, ſans doute, qu'elle en ſoit le modèle : non, un homme ſi digne d'occuper la poſtérité ne mourra pas en effet tout entier ; on ſçaura que pendant ſix ans, il a conſtamment outragé la décence, la juſ tice, la raison, & que, sous un Prince inaccessible à l'intrigue, la souplesse & l'audace d'un parti toujours en activité, l'ont soutenu seule contre l'anathême public. Au milieu de ce travail, les lazzis de famille, les tics héréditaires n'ont été que plus fréquens & plus vifs. Mais qu'importe la tête, pourvû que la masse reste inamovible; & l'on sçaura que cette masse, chargée de turpitude & d'opprobre, a conservé le pouvoir. Insolent & bas, altier & faux tour à tour, esclave & despotes, on sçaura que l'orgueil & la lâcheté, l'arrogance & l'hypocrisie, le mensonge & la duplicité, tout lui étoit naturel. On me disoit plaisamment un jour, que toutes les formes du vice alloient juste à sa taille & à sa pensée. N'est-ce donc rien, mon cher Marquis, qu'un caractère aussi marqué, un ensemble aussi bien d'accord? N'est-ce pas là une époque mémorable dans les annales de l'Eglise de France? Quel dommage qu'une aussi belle vie eût été perdue pour nos neveux!

Fort bien, disent encore quelques-uns de mes Lecturs; mais quel bien en résulte-t-il pour nos Contemporains? Vous ne faites que déchirer la plaie, vous ne la guériſſez pas : ce n'eſt point par des traits lancés du ſein des ténébres que la vérité frappe le Thrône. Eh-quoi ! la vérité a-t-elle beſoin d'un au-tre nom que le ſien pour être accueillie ? Mais, ajoutent-ils, voulez-vous que l'autorité flote au gré de tous les mécon-tens ? Que lui impotte la bonne ou la mauvaiſe réputation d'un Miniſtre ? On peut être un aigle en adminiſtration, & un fripon, en morale. Ponr le fripon paſſe ; nous en ſommes ſûrs, mon cher Marquis : de cette brillante antithêſe il n'y a que le premier terme qui m'em-barraſſe ; & ſans doute on ne prétend pas ſérieuſement ſauver l'un par l'autre, en l'appliquant à M. d'Autun ; mais, en attendant qu'on découvre l'aigle dont je n'apperçois, dans Monſeigneur, que le bec féroce & les ongles malfaiſans, permettez-moi une obſervation.

Je conviens que le Gouvernement ne doit pas céder à toutes les cenſures : les ſyſtêmes, les opérations partielles d'un Miniſtre peuvent être décriées par la ja-louſie ou par l'intrigue. Le talent même peut être calomnié ; mais jamais les vertus. Si on fronde le Miniſtre, l'honnête homme est respecté; on sépare ses mœurs de ses lumières. Si la haine, l'intérêt ou l'esprit de parti pourfuit un Administrateur vertueux, l'estime publique le venge : s'il fuccombe, l'admiration & les regrets lui restent. L'hommage dû à ses vertus survit à son crédit : voilà ce qu'offre quelquefois le théâtre orageux de l'administration. Mais prenez garde, mon cher Marq., s'agit-il ici d'un ministère purement politique ? Il s'agit d'un ministère faint ; &, dans ce ministère, le premier devoir est de croire en Dieu ; la première obligation, celle de l'exemple ; le premier talent, fi j'ôse ainfi parler, la vertu : s'agit-il de quelques méprises, de quelques erreurs rachetées par la droiture & l'intégrité ? il s'agit d'un fyftême & d'un plan de corruption fuivi ; il s'agit du renverfement de tout, d'un brigandage affocié à tous les vices fans retenue. Peut-on fuppofer que Louis XVI, l'ami de l'ordre, l'ami des mœurs, ait voulu aliéner, pour ainfi dire, le dépôt le plus important de fa puiffance, &, quelqu'en fût l'ufage, fermer à jamais les yeux fur tous les maux qui pouvoient en réfulter ? Non; il ne peut être trompé;

mais il ne peut être indifférent. Un Miniſtre de la *Feuille* en France eſt, en quelque ſorte, relativement à la Religion, la providence ſenſible qui veille ſur la pureté, l'intégrité, le reſpeêt de ſes Loix, les protége & les conſerve. Je vous l'ai déjà dit, mon cher Marquis, & je ne puis trop le répéter ; c'eſt lui qui, par l'inique ou ſage diſtribution des grâces dont il eſt le diſpenſateur, étend l'empire de la vertu ou le détruit; étouffe les ſemences du vice ou les féconde ; forme des Paſteurs zélés ou des Loups dévorans : lui ſeul peut ſéparer le ciel de la terre en bannir Dien, au nom de Dieu même ; &, par une ſucceſſion conſtante de déſordre & de relâchement, changer les mœurs de tout un peuple, & renverſer les plus fermes barrières du Thrône.

Or je vous le demande, l'autorité doit-elle être inſenſible aux réclamations formées contre un Miniſtre dont la conduite, ſans régle & ſans morale, annonce toutes les calamités ? Qu'importe de quel côté la lumière vienne, ſi la lumière eſt auſſi pure que fidelle ? On m'apprend que M. d'Autun fouille tous les atteliers pour tâcher de prendre ſur le

fait l'auteur de ces poignantes réclamations. Recherche ſtupide & ridicule !
Qu'en eſpère-t-il ? ne pourrois-je pas
dire , comme Nicomède à l'imbécile
Attale :

« Seigneur, ſi j'ai raiſon, qu'importe
» qui je ſois ? Le portrait a-t-il votre
» phyſionomie , votre couleur ? Voilà
» la queſtion : quant au Peintre , il ſe
» cachera toujours derrière la toile ſur
» laquelle il grouppe tous ces traits :
» il vons avertit même que ſon porte-
» feuille eſt plein de croquis dont il pro-
» fitera pour perfectionner la reſſem-
» blance ; vous vous agiterez , vous
» deviendrez fou , & vous ne le devi-
» nerez pas ».

N'en déplaiſe à Monſeigneur , tout
anonyme n'eſt pas un calomniateur :
je dis plus, tout anonyme a droit à la
reconnoiſſance publique , lorſqu'il à le
courage d'écrire ſeul ſous les yeux de la
vérité, ſans eſpoir de louange, ſans autre
honneur que celui de ſon courage même
dont il ne rend compte à perſonne. Citoyens vertueux , pourrois-je m'écrier
du fonds de ma retraite : Avez-vous
ſur M. d Autun une autre opinion , un
autre ſentimens ? quelle conſidération

quelle estime lui ai-je ravie ! quels regrets pourroit-il se promettre s'il rentroit dans l'obscurité dont il ne devoit pas sortir ? quelle bouche assez impure s'ouvriroit pour le louer ? Mes Lettres ne sont-elles pas la traduction fidelle de vos vœvx, de vos pensées ? Pourquoi ne soufflez-vous pas de concert l'opprobre & l'infamie sur cette idole que vous méprisez ? Ne devez-vous rien à votre Foi, à votre Religion, à vos Freres égarés , corrompus par le décri des bons principes & les succès de la perversité ? Cette charité universelle n'est-elle pas d'un plus grand prix ? que dis-je, n'est-elle pas plus rigoureusement commandée que la retenue d'un silence inutile ou coupable , puisque la notoriété marche devant lui , & que la honte est attachée à tous ces pas ? Mais je sens mon cher Marquis , que ce mouvement m'emporte loin de mon ton naturel , très-éloigné de l'enflure & de ces teintes de bile dogmatique. C'est votre faute : pour reprandre mon à plomb , & vous reposer vous-même de cette véhémence que vous avez excitée par vos frivoles observations ; je vous invite à lire une Lettre que je vous envoie , écrite par

Etienne-Charles , Archevêque de Touloufe , à Yves-Alexandre , Évêq. d'Autun : mes fideles Emiffaires, qui ont des
relations fuivies avec l'intérieur de mon
cher Sous-Primat , l'ont interceptée au
paffage & l'ont tranfcrite à la hâte avec
quelques lacunes auxquelles j'ai tâché de
fuppléer. Je crois avoir confervé du
moins l'efprit du texte , fi je n'ai pas
rendu toute la fineffe des détails.

Je fuis , &c.

LETTRE

D'ÉTIENNE-CHARLES,

Archevêque de Touloufe ,

A YVES-ALEXANDRE,

Evêque d'Autun.

A Touloufe , le 6 Janvier 1783.

VOILA un orage furieux , mon
cher Prélat, & fi furieux , que j'ai pris
le parti de me fauver à Touloufe , après
la tenue des États. J'ai l'orgueil de Mi-

tridate , je ne veux point honorer le triomphe des *Romains*. A quelque chôſe pourtant , malheur eſt bon ; je vais m'occuper ici de quelques broutilles Eccleſiaſtiques auxquelles les ſots donneront encore de la célébrité Oh ! la précieuſe eſpéce que celle des ſots ? Par cet artifice , je recrépirai mes actes ſinodaux qu'on a peu déchirés. Mais M. l'Anonyme à beau dire , dans toute cette beſogne , il ne s'agit pas de mes *intentions*. On voit bien que ce benêt d'Anonyme n'a pas marché avec ſon ſiécle ; quel pédantiſme ! des *intentions*. Eh ! qui s'en pique ? Mon peuple Toulouſain , mes Curés n'ont pas même l'idée de cette recherche ridicule , ils ont pris ma ſingerie au mot ; je les ai bridés par le reſpect ; mon opération eſt tout enſemble Paſtorale & politique , & à ces deux titres , très-impoſante , elle parlera toujours pour moi.... Perſonne n'eſt encore déſenchanté. Notre Collegue , *Jean-de-Dieu* , a pris le même parti que moi. Je lui ai conſeillé la retraite ; ce n'eſt pas avec de la Métaphiſique qu'on déroute une plaiſanterie ; qu'il *compile , compile* , qu'il réve Adminiſtration dans ſon Palais Epiſcopal d'Aix ;

mais que ce ravaudage ne forte point de la Provence. Il y a dans toutes fes penfées un empâtement vifqueux & gluant, qui reffemble beaucoup aux productions du même fol : c'eft l'huile tirée à froid, & la Capitale n'aime pas cette propriété dans les écrits. Pour vous, mon cher Confrère, vous êtes cloué à votre Pofte ; &, malheureufe- ment vous donnez un point de *mire* très-avantageux ; votre furface eft fi étendue que les coups ne peuvent guère s'égarer ; il portent prefque tous.

Nous-nous étions mocqués de l'efcar- mouche des *quatre petites Lettres* qui parurent il y a dix-huit mois ; le trait avoit gliffé la mine étoit foible, peu char- gé, & l'explofion avoit eu peu d'éclat : nous efpérions en être quites ; point du tout, le diable de mineur à pouffé fa galerie jufqu'au cœur de la place, & nous voilà couverts de décombres & de pouffière. Je fçai bien que vous reftez encore debout ; mais vous êtes fi froif- fé, fi meurtri, que vous n'avez pas fi- gure humaine.

A qui nous en prendre ? J'ai peine à le deviner, notre plan étoit l'œuvre du génie. Je m'en occupois depuis quinze ans ; un profond secret enveloppoit nos démarches, nous avions des védettes partout. *Jean-de-Dieu*, avec dôse d'esprit commune, a les reins assez souple, le coup d'œil assez fin; il coule entre deux airs, se moule, se modifie selon les circonstances: excellent appareilleur, il n'a fait qu'une seule sotise, celle de prêter le flanc en imprimant son ambitieux Logogriphe, mais heureusement personne ne l'a lû; moi je n'ai point d'ennemis; ou j'entraîne, ou j'aveugle, ou je séduis; c'est mon talent. Quand le cœur m'échappe, ce qui est très-rare, je suis sûr de m'emparer de la tête; ainsi, mon cher Prélat, si le *Triumvirat* est démasqué, le Roi détrompé, la vieille Eglise ranimée, la superstition Religieuse maintenue, permettez-moi de vous le dire, on ne peut en accuser que vous.

Vous-vous êtes conduit, d'abord, avec assez d'art; fidéle au Concordat, votre régle, votre boussole, mené en laisse par notre protecteur commun, l'Abbé Vermon, vous alliez droit au but; vos ruses, vos artifices, vos mensonges, tout étoit calqué sur nos conventions; tout prospéroit. Bientôt la maladie de famille provoquée par la vapeur ennivrante de votre Place, s'eſt déclarée ; la tête vous a tourné ; vous avez prétendu marcher ſeul ; ſoit mal-adreſſe, ſoit eſpiéglerie, (car je ne ſuis pas bien convaincu que vous ayez voulu ſérieuſement me porter ſur le ſié-ge de Paris,) vous avez manqué ce coup de partie pour moi, oh ! mon cher Breton, voilà la faute capitale de vo-tre déplorable miniſtère. Si vous aviez été ou plus adroit ou plus dévoué, la Cour, l'Egliſe, le Clergé, tout étoit à nos pieds, vous avez craint l'aſcendant de mon génie ; mais je ne vous aurois pas fait un autre ſort qu'au reſte de la France, que j'aurois mené par le nez... De bonne-foi, pouvez-vous me diſpu-ter quelque choſe ? n'étiez-vous pas mon ouvrage : vous avez donc bien mal calculé ; & cette mépriſe eſt irréparable ; elle me jette à mille lieues du miniſtère. J'ai beau louvoyer, arborer des pavil-lons neutres. Toutes les chaînes ſont tendues contre moi dans le port deſiré où je n'entrerai plus, &, quand vous au-riez été payé par les dévots pour me jouer & me couvrir de ridicule, vous ne les auriez pas mieux ſervis.

Depuis ce moment, où vous m'a-

vez tenu inhumainement fur la raquette
pendant huit ou dix jours , quoique
vous fuffiez très-bien inftruit de mon
irrévocable exclufion , l'attention publique s'eft obftinée à vous pourfuivre ;
vous avez forcé toute mefure, bravé
toute bienféance ; donné des folles in-
veftitures d'Abbayes, préfidé à des arran-
gemens fimoniaques, infulté dans toutes
vos nominations à l'opinion de tous les
honnêtes gens; ofant tout , parce que
vous pouviez tout , vous avez cru par-
ticiper & confommer , en la brufquant,
cette défirable révolution que préparoit
ma longue expérience , & qui ne devoit s'établir que fourdement , par des
menées infenfibles , c'étoit ce que vous
prefcrivoit à chaque page mon Catéchifme politique. Mais, mon cher Prélat , je m'apperçois trop tard que les
principes tempérés ne font pas à votre
ufage; vous êtes un fripon, tout d'une
piéce ; auffi, où en fommes-nous ; on
n'entend pas une voix qui s'éleve en
votre faveur ; pas un homme de bien
qui vous remercie : votre réputation
eft fi défefpérée, que les heureux même
que vous avez faits , vous défavouent ;
on diroit que vous êtes fi déterminé-

ment ennemi né de tout ſentiment honnête , que vous corrompez juſqu'à la
reconnoiſſance , dans le cœur de ceux
que vous obligez.

Ne m'avez-vous pas joué , à moi-
même le tour le plus artroce , dont
un Miniſtre faux & taquin puiſſe s'avi-
ſer ; rappellez-vous nos conventions.
L'abbaye du Bec , après laquelle je
ſoupirois, ne devoit-elle pas être le prix
de l'exiſtence que je vous avois donnée ? Le *Concordat* m'avoit bien aſ-
ſuré ſoixante mille francs nets , ſur les
revenus en ſéqueſtre ; mais je ne me
diſſimulois pas que cette charge in-
ſolite ſur les économats , étoit odieuſe ;
le Clergé murmuroit ; le bon Mar-
ville boudoit ; il faut économiſer les
ſcandales lors qu'ils ne ſont ni néceſſaires , ni indéciſifs. Principe miniſtériel
que je vous ai ſouvent inculqué Or ma
nomination à l'Abbaye du Bec , arran-
geoit tout. vous ne pouvez le déſa-
vouer ; & votre cupidité à prévalu... .
Que pouvez vous attendre de mes ſentimens, lorſque je vous vois employer
le même pouvoir que vous tenez de
moi à vous enrichir des mes plus cheres
eſpérances , en les trahiſſant ? Non ,

Monseigneur l'Evêque d'Autun ; non je
ne vous pardonnerai jamais cette insolente prévarication. Ce que je vous
pardonne ; (car il ne faut pas vous
décourager) c'est l'espéce de *fidei-
commis*, de cette Chanoinesse que vous
avez mariée, *ad honores*, à votre vieil
Oncle, le Commandant de la Corse ;
je ne suis pas sévère ; cependant entre
nous, le titulaire est si mûr & la ressource, ainsi que la commodité des
pouvoirs intermédiaires est si frapante,
que la malignité qui profite de tout,
n'a pas manqué d'enrichir de cette
anecdote l'Histoire de vos mœurs. Vous
me direz que pour éviter le scandale,
une Tante est la perfection du genre,
& que si on étoit assez imbécile pour
céder à toutes les gloses, il faudroit
s'enterrer tout vivant. J'en conviens ;
mais, croyez-moi, le public n'est dupe
de rien. Ne l'ai-je pas éprouvé, moi
qui vous parle ? Et cependant quelles
précautions n'avois-je pas prises ? Ma
Sultane étoit d'une figure irréprochable. J'aurois pû même la faire graver
à la tête de mon Rituel, comme échan-
tillon, ou comme modèle, *ad normam
cleri*, eh bien ! n'a-t-on pas lu mon

ſecret à travers ce maſque fait pour
éteindre toute curioſité ? Ah ! Monſeigneur, les Lynx ne ſont que les Taupes
en comparaiſon de ce public. Il y a
plus ; je vous vois avec cette jolie
Tante dans une étrange défilé : comment voulez-vous conſerver une part
de *Neveu* dans la Communauté, ſi
vous ne vous déterminez pas à la
payer par les plus grands ſacrifices ?
Il vous en coûtera, au moins, un
Evêché par an, deux ou trois Abbayes & autant de Prieurés, que reſte-
ra-t-il au triumvirat ? Mon ami, ce
ſera voler ſur l'Autel ; car s'il y a au
monde quelque choſe de ſacré pour
vous ; c'eſt le *Concordat*. Nous verrons comment vous concilierez vos
plaiſirs & vos engagemens. Quant au
fonds, je le répete encore, je vous le
pardonne. C'eſt une honnête retraite,
une affaire réglée, qui doit vous guérir
de ces emportemens de houzarderie,
trop indécente, dont vous étiez atteint & convaincu ; mais ce que je
ne vous pardonne pas plus que l'Abbaye du Bec, parce qu'il s'agit d'une
ſotiſe bête & ſans profit, c'eſt la conduite inhumaine que vous vous êtes

permife avec l'Abbé de B*** ; vous avez réellement, mon cher Seigneur, des folies brutales ; après avoir efcamoté finement l'Evêché de Nevers, à cet honnête Abbé, chéri de M. de Maurepas, de qui après Dieu & le *Concordat*, vous tenez tout, que faites-vous ? Vous accueillez fes modeftes follicitations avec l'œil farouche d'un Sultan ; vous le brufquez ; vous lui faites rentrer, pour ainfi-dire, la vocation Epifcopale dans le corps, mais comme vous n'êtes qu'infolent & qu'il eft froid, il tient bon fur l'aveu de Sa Majefté ; il vous preffe, vous défigne en toute humilité une Province à laquelle fa fanté fe refufe, & finit par vous dire qu'en dernière analyfe il eft plus tenté de vivre Chanoine de Paris, que de mourir Evêque en Provence. Certainement il vous mettoit à votre aife, & vous aviez vos coudées franches. Point du tout : foit humeur, foit taquinerie, vous l'envoyez mourir à Sénez, que vous faites vaquer tout exprès, pour lui affurer un Tombeau.... Allons, allons, mon cher Breton, vous avez été mal élevé ; le trait eft féroce : où étoit donc le Grand-

B iv

Vicaire de votre *tête* ? lorfque vous vous êtes égayé par cette barbare plaifanterie.

Mais vous avez fait bien pis. Il y a deux ou trois mois, dit-on, que le Public eft dans la confidence de ces maudites Lettres qui m'ont été envoyées à Touloufe; elles vousparviennent, je ne fçais comment ; car quoiqu'il y foit beaucoup queftion de vous, elles n'étoient certainement pas à votre adreffe, & voilà votre pauvre cervelle qui fermente. Vous lifez ces Lettres ; à chaque mot votre confcience racornie prend malgré vous du reffort ; vous ne dormez plus ; la rage, le remords amenent la goutte ; au milieu de cette crife vous ne rêvez plus que Commiffaire, Exempts, Furets de Police, *qui eft-ce donc l'Auteur de cet infolent Libelle*, vous écriez-vous ? A ce cri auffi formidable que celui de Poliphème, qui raffemble les Ciclopes pour furprendre le fage Uliffe, tous vos efpions fe mettent en Campagne : mais fur qui fixer le foupçon ? Il s'arrête, (& voilà, mon cher Prélat, le comble du délire,) il s'arrête fur un Prédicateur qui attend tout de vous, à

qui vous faites tout eſpérer. Vous ne
concevez pas que le talent que vous
avez l'air de protéger, ne doit pas
s'armer pour vous nuire. Perſonne ne
vous fait ſentir que la converſion d'un
homme, tel que vous, n'eſt pas une
beſogne de Prédicateur ; c'eſt lui, vous
dit-on, c'eſt lui, repétez-vous avec les
échos de votre petit Conſeil ; &, d'a-
près ce ſublime contreſens, les mouches
de M. le Noir volent ſur la piſte de
l'accuſé, pour pomper le ſecret du
pauvre Diable qui n'en a point. Qu'en
réſulte-t-il ? L'orateur doué de poul-
mons très-élaſtiques & qui fait des
phraſes avec la même facilité, que vous
faites des mines dans vos Audiences,
tonne au milieu de Paris, alimente la
haine de nos ennemis, éveille la curioſité des indifférens, accroît l'intérêt
de ces mêmes Lettres, dont vous recher-
chez mal-adroitement l'Auteur, & vous
démontre mon innocence Sçavez-vous
ce qui en réſulte encore ? C'eſt que
vous ne pouvez plus aujourd'hui vous
défendre des pourſuites du Prédicateur,
qu'on dit fort affamé d'une meilleure
Abbaye, il vous dira : « Monſeigneur,
» un ſeul titre me manquoit pour ob-

E v

» tenir graces auprès de vous, l'avan-
» tage de figurer dans les Regiſtres
» de la Police , dont vous avez fait
» des Regiſtres de recommandation &
» de faveur ; je réclame ce moyen puiſ-
» ſant : peut-être attendiez-vous que
» cette prépondérante diſtinction me
» ſéparât de la tourbe des prétendans :
» je vous la dois & je vous en demande
» le prix , convaincu que vous êtes
» encore plus fidele à vos principes ,
» qu'à la haine aveugle que vous m'avez
» jurée ; que répondrez-vous à cette
» apoſtrophe ?...»

Quelle équippée , mon cher Triumvir : eh ! laiſſez mourir ces miſérables
Lettres , trop vraies pour être crues.
Qu'ont-elles produit? Vous ne prétendez
pas à l'eſtime ; jamais nous n'avons fait
ce calcul pour vous ; nous ne faiſons
cas dans vos mains que du *pouvoir*, eh
bien ! ces Lettres vous ont-elles empê-
ché de donner en ricochet l'Evêché de
Sénez à un *Caſtellane* , pour rendre
odieuſe la démiſſion de l'Abbé B***,
celui de Bayonne , au frère du Capi-
taine des Gardes de notre précurſeur
Voltaire , celui de Nantes à un petit
Bredouilleur , Aumônier Ordinaire de

(35.)

votre Confrairie du Trictrac ; la bataille
n'eft donc pas perdue ; mais je dirois
avec Sofie, le *Corps de réferve a peur* ;
c'eft vous , mon cher Breton , qui
faites floter les efpérances d'un
triomphe que j'ai cru fi prochain &
fi décidé.

Qu'eft devenu ce tems où , déchirant
les Conftitutions , les Statuts , les Ca-
puches , les Scapulaires , je voyois dé-
filer devant moi une partie des Troupes Légères de l'Ancienne Eglife ,
pour aller porter , dans toute la France,
l'oubli de leurs *vœux* & le mépris de
leur régle ; tout cédoit à l'impulfion
que j'avois donnée , j'abrogeois tout ,
je licenciois tout : qui n'eut dit que ces
premiers boulevards une fois abbatus ,
les reftes de la fuperftition antique ,
feroient bien-tôt enfevelis & confon-
dus avec eux ; à cette brillante époque ,
je vous appelle au miniftère de la
Feuille ; je vous empâte de ma doctrine , je vous affocie à mes vues , à
mes deftinées , à ma gloire , je vous en
croyois digne ; c'eft *Mahomet* qui con-
fâcre *Omar* , & l'imprudent *Omar* , dé-
concerte , contrarie , bouleverfe tout ;
forcé , moi-même , de faire comme le

Prophète , *Médine* m'échappe , & je
languis inutile dans un desert... Oh !
Monseigneur *Yves* , comment ai-je pu
lier mes succès à l'inconséquence & au
délire de vos Conseils.

Vous trouverez , peut-être , la leçon
un peu dure ; mais le péril est pressant ;
allons , faisons la paix : au fond je vous
rends justice, vous êtes excellent pour la
manœuvre , vous trompez , vous rusez ,
vous mentez ; en un mot , vous avez
presque tous les talents de la circonstance ; croyez-moi , toutefois il faut
mettre en panne & vous tapir pendant
quelque temps dans les souterreins de
notre souteneur , l'Abbé Vermont.
Quoique vous ayez souvent abusé de
l'auguste nom de la Reine , il trouvera
encore le secret d'intéresser sa pitié.
On peut donner à tout la couleur du
dévouement, sur-tout , ventre-à-terre ;
cela ne vous coûtera pas ; flattez la va-
nité du Conseiller privé. Je me rap-
pelle encore un mot de *Sosie* , qui
peut produire un merveilleux effet , &
tous les mots de Sosie semblent faits
exprès pour vous , le voici :

Mon Maître est homme de courage ;
il ne souffrira pas qu'on chasse ses gens.

Mon cher Prélat , apprenez cela par cœur , pour le laisser tomber finement dans l'oreille de votre Patron , ou mettez-le en épigraphe à la tête d'une touchante supplique que vous lui présenterez , ce mot seul , *mon Maître est homme de courage* , si chatouilleux pour l'amour-propre , est si convenable à votre fortune , peut vous remettre à flots.

Quoiqu'il arrive il faut tenir ferme , & tomber du moins avec dignité : n'allez pas nous gâter ces petits donneurs d'avis, en paroissant céder à leur censure; ce seroit une lâcheté : une fois entamé, vous ne seriez plus le maître de rien ; lorsqu'on a abjuré les principes comme vous & moi , il faut mettre le caractère à leur place ; il étonne , il embarrasse , & finit par faire reculer tous les principes contraires. Souvenez-vous de cet axiôme ; si vous aviez eu le jeu plus brouillé , je vous donnerai un autre Conseil, vous pourriez éparpiller quelque broutille sur la menuaille dévote ; mais , puisque vous l'avez proscrite sans ménagement, continuez de la désespérer ; sur-tout ne ranimez pas dans les Séminaires les germes languissans de la bonne doctrine : une grâce égarée parmi ces Automates, ne vous purgeroit de rien, & perdroit tout ; faites tête à l'orage & mourez au poste d'honneur en Triumvir.

Adieu, tout à vous,

† ETIENNE CHARLES.

P. S. Je vous exhorte à ne pas faire présenter la petite Tante à la Cour ; on vous chansonneroit au passage ; je suis d'avis que vous ne vous exposiez ni aux épigrammes de l'œil-de-bœuf, ni aux éclats de rire du Cabinet.

LETTRE XIV.

ENFIN, mon cher Marquis, vous voilà rendu à la raison ; mes Lettres ne vous paroissent plus un ouvrage frivole & dangereux ; vous les jugez utiles, nécessaires & vous les lirez désormais, avec ce plaisir pur, que trouve un âme honnête dans l'espérance du rétablissement de l'ordre & du maintien de la Religion. Ce n'étoit pas une lé-

gère entreprise que cette dernière converſion ; votre piété plus délicate qu'é-
clairée, s'allarme aiſément ; vous chica-
nez ſur tout, & je ne ſçais ſi la candide
Epître de Monſeigneur *Etienne-Charles*,
que vous avez lue, ne vous a pas fait
plus d'impreſſion que tous mes raiſon-
nemens. Je n'en ſuis ni jaloux ni ſurpris:
puiſque ces Meſſieurs ſe rendent, entr'eux, une juſtice ſi franche, il eſt
naturel de former ſon opinion ſur des
données auſſi peu ſuſpectes. Vous voyez
que je ne vous ai pas menti d'un mot:
quel avantage pour la bonne cauſe,
que l'encouragement pour les vœux
de tous les honnêtes gens, que la publicité d'une pareille Lettre. Voilà donc
l'envie & la malignité déchargées de
toute accuſation ; les lieux communs
de défenſe que les ſots adoptent & dont
les fripons profitent, ne peuvent plus
être employés en faveur du pauvre M.
d'Autun. Le voilà tel que Monſeigneur
Etienne-Charles le voit, & tel que je
vous l'ai montré. Ma tâche eſt remplie, & mon travail heureuſement payé
par un ſuccès ſoudain & ineſpéré... Le
croirez-vous, Marquis ? Non, car cela
tient du prodige ; la dernière nomina-

tion de M. d'Autun eſt un hommage rendu à mes *Lettres* ; oui, un hommage ; je ne plaiſante point ; liſez, liſez la Gazette du Mardi trois Février 1784, cette précieuſe feuille va figurer dans les Archives de la Vertu. Le Toulouſain doit être furieux de cette reculade ; vous avez lû ſes odieux Conſeils ; le Miniſtre redouté n'en a tenu compte ; la Police que j'ai faite a prévalu. Eh ! combien d'honnêtes gens vont me devoir leur fortune ! Je ſuis tout fier de ce triomphe ; mais il ſera court ; c'eſt une métamorphoſe de la Foire, qui n'a plus de durée que le Spectacle. On me mande de Paris, que, depuis cette époque, Monſeigneur a repris de la morgue & du maintien, il ſe permet même, quelques lazzis de bravoure : on ne *craint rien*, dit-il en ſe balançant majeſtueuſement ſur ſa maſſe, *quand on a pour ſoi Dieu & ſa conſcience.* Auriez-vous deviné, Marquis, que M. d'Autun eût, en bonne fortune, un auſſi puiſſant allié ; c'eſt un mot du Roi de Pruſſe, dont on ne peut conteſter l'heureuſe application. Quand à la conſcience de Monſeigneur, il a raiſon de compter ſur la ſienne ; car dans tous les cas, il n'en trouveroit pas une autre qui lui fervit de caution.

Vous avouerai-je ma foibleffe ? Cette dernière nomination me touche. Je fens que la pitié me gagne, & je fuis tenté d'adreffer, directement, quelques Confeils à ce faux pénitent : fantaifie rare, me direz-vous, des *Confeils* ! qu'en efpérez-vous ? Le voici : prouver à toute la France que je ne fuis point l'ennemi de Monfeigneur ; que le feul intérêt, le feul amour du bien public a conduit ma plume, &, par ce procédé généreux, me réconcilier avec quelques âmes foibles & timides, qui, en fe pénétrant de la vérité de mes récits, n'ont pû fe défendre de les croire exagérés par la haine. Affurément cette fantaifie eft louable ; Mais, comme je ne me fuis déjà que trop abandonné dans cette efcarmouche, je ne veux plus déformais marcher qu'avec votre attache. Je vais donc vous deffiner à-peu-près le cadre dans lequel je veux préfenter mes charitables avis ; &, fi vous l'approuvez, je le remplirai.

Je confeillerai d'abord à M. d'Autun de ne plus s'occuper de l'Auteur des Lettres ; on a fait une monftrueufe école à cet égard, ainsi que l'a fort judicieusement observé Monseigneur Etienne-Charles; ce faiseur de Lettres n'est pas aisé à deviner, il n'a point de complice; il voit tout du fond d'un puits; pour lui, l'épais Ministre est Diaphane, & transparent, pas un mouvement, pas une pensée que cette argus ne suive à la piste Je conviens qu'il ne faut pas être sorcier pour atteindre à cette hauteur. Le champ de la pensée n'est pas, à perte de vue, dans M. d'Autun; lorsqu'on connoît les petites portées de l'orgueil, de la galanterie & de la fausseté, on sçait *Monseigneur* par cœur. Quoiqu'il en soit, je veux qu'il oublie ce nouveau *Montalte*. Le dépit d'une recherche inutile au milieu d'un grand pouvoir, achéveroit de dévoyer une raison toujours prête à déménager; il n'a rien à gagner avec ce Démon là, il est même impossible d'acheter son silence; &, d'ailleurs, que produiroit cette découverte? L'auteur n'est que l'écho de l'opinion publique. Si Monseigneur vouloit respirer à son aise, il faudroit mettre un baillon à toute la France; or le repos de M. d'Autun, quelque précieux qu'il soit, ne vaut pas l'étrange phénomène de cet embargo général. Il faut être juste: qu'il imite donc la courageuse résignation de Dom-Carlos, à qui l'exécuteur disoit à l'oreille en l'étranglant, laissez faire, Monseigneur, tout ceci n'est que pour votre bien; ce premier avis, mon cher Marquis, ne vous paroît-il pas dicté par le bon sens? Vous voyez que je suis de bonne-foi; je ne conseillerois pas autrement mon meilleur ami.

Deuxiémement, plus je réfléchis, plus je me persuade que Monseigneur doit changer son régime intérieur, & notamment *le Grand-Vicaire de sa tête* Les premiers pas dans une Administration, sont presque toujours coulants & faciles; on ne juge rien en rigueur, on interprête, on excuse; on espère, le ciel est encore pur, le vent de la faveur souffle encore, & les premiers élémens de la manœuvre, suffisent pour orienter les voiles: mais, quand l'air s'obscurcit, que les flots s'élévent, qu'on découvre par-tout des écueils, la main la plus sçavante & la plus ferme suffit à peine pour gouverner. Or Monseigneur se trouble souvent; son or-

gueil l'égare, son ignorance & son inep-
tie l'aveuglent ; les tempêtes grondent
autour de lui, & le surréveillant Abbé
Hémé assez fort pour redresser de légères aberrations, est trop foible aujourd'hui pour un département aussi
orageux. Je ne vois que le *magnétisme
animal* qui puisse rétablir, par son analogie, l'organisation de Monseigneur,
monter & soutenir sa tête au nivau de
toutes ses opérations ; il faut que son
boudoir, sa chambre à coucher, son
cabinet, sa salle des audiences, tout
soit armé de *conducteurs* je vais plus loin:
pourquoi ne s'attacheroit-il pas le célébre *Mesmer* ? je ne crains pas de le
dire, voilà *le grand Vicaire nécessaire.*
Le Sous-Docteur *Dellon* pourroit être
à meilleur marché ; mais ce n'est qu'un
filon secondaire ; il vaut mieux s'assurer du foyer. Avis *capital*, mon cher
Marquis ; n'est-il pas évident que j'a-
vertis charitablement Monseigneur de
son état, de ses périls, de ses ressources ?

Troisiémement, Monseigneur a un
tic très-prononcé, dont il ne sauve ni
la disgrâce, ni les conséquences qu'on
en tire, par les évolutions rapides &

le mouvement de rotation qu'il affecte lorfqu'on l'entretient : ce tic eft caractérifé par un regard louche & fixe. La fixité du regard annonce celle des idées ; & celle-ci, d'après tous les gens de l'art, prépare & détermine la folie. Je voudrois que M. d'Autun prît ou des leçons ou des remédes de quelque fameux Oculifte, du Baron de *Wenzel*, par exemple, pour corriger cette pefanteur & cette obliquité, donner un peu de mignardife à cette rétine boudeufe ; en un mot, pour apprendre à conduire fes yeux, fur-tout en parlant à Sa Majefté. Le foupçon du mal dont il eft atteint lui feroit grand tort. S'il avoit plus d'imagination & d'agrément : s'il n'étoit pas un méchant trifte & froid, je lui donnerois bien un autre confeil ; il pourroit folliciter le Brevet d'une certaine charge: mais non, il feroit auffi trop indécent de réunir enfemble les fonctions de Miniftre de la *Feuille* & de *fou du Roi ;* tenons-nous-en donc au Baron de *Wenzel*

Vous voulez donc ruiner le pauvre M. d'Autun, me direz-vous, mon cher Marquis ; l'Abbaye du Bec ne fuffira pas à payer le prix de toutes ces

précautions, ajoute à ce celui de tous
les plaisirs. Cette pensée m'a frappé
comme vous ; mais j'ai un fonds prêt
pour satisfaire à tout. Les frais *d'espionnage* à la Cour & à la Ville,
portés dans la dépense de Monseigneur,
pour le mettre au courant de sa réputation, sont énormes. Il paye souvent
fort cher une phrase, une grimace,
un mot dont on lui rend compte ; ce
mot encore n'arrive-t-ils pas frais &
piquant comme il est dit : il perd sa
grace & sa couleur en passant par des
filières ternes & gauches. Monseigneur.
est volé ; je veux qu'il supprime cette
branche exécrable de commerce, elle
le rend encore plus odieux : les fonds
qu'il sacrifie à cette vile manœuvre se-
ront appliqués aux manipulations utiles
que je viens d'indiquer ; & ces combi-
naisons politiques n'en souffriront point,
parce que je m'engage d'honneur, en
conservant la pureté du trait, à lui
donner son *bilan* tous les trois mois,
comme on donne chaque jour l'état du
ciel dans la petite *Feuille* de Paris :
ainsi pour pouvoir prendre sûrement
ses hauteurs, Monseigneur aura par
trimestre un à-compte sur les plaisan-

teries, les épigramme, les malédictions courantes, &, à la fin de l'année, un produit net qui ne lui coûtera rien.

Je voudrois, en quatriéme lieu, que Monseigneur, après avoir tout sacrifié, jusqu'à ce moment, au brigandage & à l'intrigue, laissât tomber quelques regards sur les Ecrivains utiles qu'il a négligés, & qu'une nomination d'éclat le purgeât de ce reproche un peu trop méritée; par exemple, il n'a encore donné qu'une pension au P. Gaudin l'oratorien, Grand-Vicaire de Marianna, Auteur d'un nouveau *Traité contre le Célibat des Prêtres*. Cet Ouvrage, où régne toute la franchise de la licence, mérite une récompense plus distinguée. Il y a une autre production toute fraîche, intitulée : *Principes de Morale*, par M. l'Abbé *de Mably* : l'auteur, le titre, la forme, le fond, tout enfin semble arrangé par l'étoile de Monseigneur pour le réconcilier avec le talent, sans trop compromettre le régime du *Concordat*; c'est véritablement une bonne fortune : il est vrai que le vieux Moraliste médit indécemment des femmes; ce qui n'est pas un titre de recommandation auprès

de M. d'Autun : mais , en revanche ,
il ne dit pas beaucoup de bien de l'Evangile ; il fait grâce aux *Courtifanes* : il en
confeille l'ufage *modéré* aux jeunes-gens ,
pour conferver la féve & la vigueur
des vertus publiques ; méthode toute
neuve que Monfeigneur doit apprécier
mieux qu'un autre , & qu'il peut con-
facrer par l'honneur d'une récompen-
fe , fans démentir fes principes : en un
mot le Détracteur de J. C. & le Panégy-
rifte de Caton , eft un vrai moule à
Abbaye pour M. d'Autun. Une combinaifon auffi précieufe ne s'eft peut-
être jamais offerte dans tout le cours
de fon miniftère. Que penfez-vous de
ce confeil , mon cher Marquis ; Cette
idée n'eft-elle pas tout enfemble & lu-
mineufe & profonde? Je fuis convaincu
qu'*Etienne-Charles* & *Jean-de-Dieu*
me l'envieront : mais cela prouve que
j'ai bien étudié leur plan ; & ce n'eft pas
ma faute fi , dans leur propre doctrine , je vois plus loin & je vais plus vîte
qu'eux.

Enfin , après cette irréprochable nomination que Monfeigneur peut diffé-
rer quelques mois , je voudrois qu'il fe
fît noblement juftice. Six ans de brigandage

dage heureux fuffifent à fa célébrité ; i
n'a plus rien à perdre que fa place
pourquoi attendroit-il un arrêt toujours
humiliant toujours pénible à foutenir,
même quand il eft prévu & mérité ? Je
lui confeillerois donc, car je ne connois
pas moi les confeils avortés, qui trou-
blent fans éclairer la route que je montre
je l'applanis ; je lui confeillerois, dis-je,
d'écrire une Lettre au Roi, & tel en
feroit à-peu-près l'efquiffe ou le cane-
vas.

« Sire, ma fortune eft achevée, ma
» réputation perdue, ma tête chance-
» lante, mon miniftère décrié, mon
» fecret connu : votre choix, égaré
» par l'intrigue, m'a tiré de l'obfcurité
» dans laquelle je végétois en filence,
» fans confidération, mais fans projet.
» J'étois tout uniment un plat Evê-
» que inutile à l'Eglife ; &, par une
» fuite de cette même intrigue, je fuis
» devenu un mauvais Miniftre, funefte
» à la Religion que vous aimez. Mes
» Collégues, que Votre Majefté con-
» noît, m'ont dominé ; ils avoient affez
» bien jugé de mon âme ; elle eft flexi-
» ble à tous les artifices, parfaitement
» dégagée de toutes les délicateffes qui

» rendent le vice lâche & timide ; en
» un mot j'étois dans la mesure d'inso-
» lence & d'intrepidité convenable à
» leurs vues ; mais mon esprit est trop
» foible pour leur systéme, & la révo-
» lution à laquelle j'ai voulu concourir,
» marche trop lentement. Je perds
» haleine ; le Public a pris de l'humeur ;
» je suis toujours au milieu des coups :
» il est temps que je donne du moins
» au repos des jours que je ne puis plus
» dérober à l'opprobre. Je vous ai
» trompé, Sire ; j'ai presque toujours
» éloigné de vos yeux les vertus mo-
» destes, les mœurs évangéliques, les
» travaux & les talens utiles : puis-je
» espérer de vous tromper encore ? Le
» réveil de votre justice seroit un coup
» de tonnerre, & je veux le prévenir.
» Je remets à vos pieds cette *Feuille*,
» où j'ai tant de fois consigné ma hon-
» te, en y attachant le prix du scan-
» dale Qu'elle passe en des mains plus
» pures ; c'est le vœu de tous les hon-
» nêtes gens. Vous le connóissez. *Sire*,
» il faut bien céder à ce vœu général; que
» Votre Majesté seulement, par égard
» pour elle-même, daignes jetter encore
» quelque lueur de considération sur ma

(51)

» retraite ; qu'elle me conſerve la *Feuille*
» *des Bénéfices de la Corſe* : ce petit
» lambeau de miniſtère, aſſocié à d'au-
» tres avantages que je me ſuis ména-
» gés, me ſauvera du moins de l'oubli ;
» car, hélas ! tout votre pouvoir, *Sire*,
» ne me ſauveroit pas du mépris ».

Vous conviendrez, Marquis, que
cette Lettre n'eſt point mal faite ; elle
dit ce qu'il faut dire, & je conſeille à
Monſeigneur dela tranſcrire ſans y changer un mot. Il aura beau ſe battre les
flancs ; il ne dira pas mieux : cette ſim-
plicité, cette candeur paroîtra digne
de quelqu'éloge ; elle montre une âme
encore touchée du reſpect de la vérité,
& peut conſerver à M. d'Autun, dans
le cœur du Roi, un reſte d'indulgence
& de pitié. Libre dés chaînes du *Concordat*, & de toutes les tentations d'un
pouvoir qu'il a *déshonoré*, il reprendroit ſes paiſibles habitudes ; heureux
d'uſer ſes derniers jours dans une per-
verſité tranquille & ſolitaire, la vigi-
lante renommée ne le pourſuivroit plus :
quel intérêt pourroit exciter les gens
de bien à tourmenter ſon néant ? La
décence, l'honnêteté, la vertu crain-
droient de ſe tenir par le ſouvenir ſeul

de son existence. Eh-bien ! mon cher Marquis, êtes-vous content de ce dernier conseil ? Prenez-y garde ; ce n'est pas là seulement de la raison & du bon sens, c'est du sentiment tout pur. Oui, si *Monseigneur* avoit un ami, je suis convaincu que ce tendre ami, s'il n'étoit pas un sot, ne lui parleroit pas un autre langage. Ne trouvez - vous pas plaisant que je me charge de ce rôle ? En vérité, je ne croyois pas finir par là : mais que voulez-vous ? je suis bon-homme, & c'est une trahison de mon caractère.

Ma dernière Lettre, mon cher Marquis, avoit une marche & un mouvement si sévère, que j'ai cru devoir vous en dédommager en répandant une couleur un peu moins sombre sur celle que vous venez de lire. Il faut présenter la vérité sur tous les tons, pour la rendre sensible à tous les esprits. La variété ajoute à l'intérêt, & je voudrois donner à celui qui m'occupe avec vous, assez de crédit & de forces pour porter le repentir dans le cœur de M. d'Autun, & le ramener au respect de son état & des vrais principes. Vous allez juger de ce qu'on peut en espérer, par la Lettre que je vous envoie. J'avois preſſenti que la remontrance un peu leſte de Mgr *Etienne-Charles* ne reſteroit pas ſans réponſe ; je l'ai fait épier , & j'ai été encore aſſez bien ſervi pour m'en procurer une copie. Je préſume que vous la trouverez trop intéreſſante pour ne pas lui donner une place diſtinguée dans votre recueil. Je ſuis , &c.

LETTRE

DE Mgr YVES-ALEXANDRE

Evêque d'Autun,

A Mgr ETIENNE-CHARLES,

Archevêque de Toulouſe.

De Paris , le 30 Janvier 1784.

L'A ı R de Toulo\uſe , mon cher Seigneur , eſt un air fort mal ſain pour vous ; je vous conſeille de ne pas filer plus long-temps la ſcène de la réſidence , & d'aller rafraîchir vôtre ſang dans les douces ſoirées de Brienne. Quelle amertume dans votre ſtyle ! quelle âcreté ! En vérité l'impénitent Faiseur de *Lettres* ne me méneroit pas plus mal ; j'attendois de vous plus d'indulgence, & je la méritois par mon aveugle dévouement. N'est-ce donc rien que cette parade éternelle à laquelle je suis condamné ? Est-il possible d'être toujours en mesure ? Et vous - même, qui me donnez de si dures leçons, n'avez-vous ni mal-adressé, ni faux calculs à vous reprocher ?

Mais ne nous querellons pas, & parlons raison : au moment où je vous écris, mes idées sont assez nettes ; je suis au courant ; je vais profiter de ce calme pour vous répondre ; ne vous alarmez pas si je me sers d'une main étrangère ; vous sçavez que l'orthographe n'est pas mon fort. Comme cette Lettre a quelqu'importance, & qu'il est convenable que vous la lisiez couramment, j'ai jugé à propos d'emprunter la plume de mon Sous-Secrétaire l'Abbé *Fauchet* : c'est un Prédicateur sur le pavé, que j'ai recueilli & bien doté ; car ceux qui montent en Chaire peuvent se passer de moi : ils sont en activité ; aussi je les laisse hurler jusqu'à ce qu'ils perdent

haleine. Celui-ci eſt un vaurien fort
ſournois, dont on peut tirer parti,
drôle à reſſources, *à grandes mœurs*,
interdit pour une vétille, pour un bé-
net de mari du XII. ſiécle, qui a ſot-
tement pris de l'humeur. Le ga-
lant Lévite eſt venu me conter ſa
chance, regrettant fort que vous ne
fuſſiez pas à portée de l'entendre, ainſi
que notre Collégue l'Archevêque d'Aix,
parce que, m'a-t-il dit aſſez plaiſam-
ment, il eût été jugé par ſes *Pairs*.
Moi j'ai tenu le Tribunal tout ſeul,
& je l'ai abſous en lui promettant protection & faveur. En vérité je crois
que c'eſt la ſeule promeſſe de bonne-
foi que j'aye faite depuis ſix ans ; mais
un Abbé *Fauchet*, chargé d'un décret
& d'un interdit, m'a paru précieux
& trié ſur le volet pour l'exception :
auſſi l'ai-je très-bien traité ; un *interdit*, un *décret*, bagatelle : j'ai arrangé
fort induſtrieuſement les idées du Roi
ſur ces deux petits accidens. J'ai jugé
mon cher Seigneur, ce préliminaire in-
diſpenſable pour vous inſpirer toute
confiance ; il vous prouve d'ailleurs
que je m'environne ſcrupuleuſement de
tout ce qui porte nos livrées & nos

couleurs, & que, dans les plus petites
chofes je ne perds pas de vue ma mif-
fion & vos principes. Commençons par
quelques détails ; je difcuterai enfuite
le grand objet de mon miniftère, &
nous verrons quels font mes torts.

Lorfque vous m'avez choifi, mon
cher Mentor, vous me connoiffiez mieux
que je ne me connoiffois moi-même.
Jamais je n'avois effayé mes facultés
politiques. Content d'un fort commun,
d'une digeftion facile, je me fentois
tout au plus une forte *d'inftinct*
pour la rufe & pour l'intrigue ; cependant rien n'étoit développé : toute
mon organifation morale étoit obftruée ;
j'étois le plus heureux ignorant de tout
le Clergé de France : mais j'avois de la
hauteur, de l'opiniâtreté, le vifage
double, une taciturnité italienne qui
mafque les vices, & fait fuppofer le
talent ; une confiance fans bornes à
vos lumières : ces qualités vous ont perfuadé que je ferois un fort bon Mane-
quin, fouple & ferme tout enfemble ;
& ces qualités ne vous ont pas trompé. De quelle inculpation férieufe ai-
je en effet à me défendre ? Tous les
rayons de la faveur ne font-il pas con-

centrés dans le Collégue de vos grands Vicaires? Ceux de *Jean-de-Dieu* ne paſſent-ils pas ſur le ventre à tous les Prétendans *Evangéliques*? Ne me ſuis-je pas habilement couvert de l'auguſte nom de la Reine pour conſacrer vos fantaiſies? Si vous n'êtes pas toujours d'accord avec l'Abbé *Vermont*, ce n'eſt pas ma faute: lorſque vous me tirail-lez tous deux, je profite des deux di-rections oppoſées pour en ſuivre un troiſiéme, & je fais ma volonté: le grand mal! Entre fripons, les chaî-nes les plus ſerrées prêtent toujours u n peu; ſi tout étoit de rigueur, il n'y auroit rien à gagner: autant vaudroit être homme de bien: qu'en penſez-vous, mon cher Archevêque, cette ré-ponſe eſt-elle catégorique?

Quant à l'Abbaye du Bec (grief ca-pital) j'avoue que cette bagatelle m'a tenté. Eſt-il donc ſi facile de ſe ré-ſoudre héroïquement à mourir de faim, lorſqu'on coupe les morceaux à tout le monde? D'ailleurs prenez garde; la dignité de mon exiſtence miniſté-rielle n'exigeoit-elle pas une décora-tion? N'étoit-il pas même intéreſſant pour vos vues ultérieures que l'impor-

tance du bienfait de Sa Majefté annon-
cât dans fon Miniftre une plénitude de
crédit ? Ma friponnerie, fi ç'en eft une
étoit donc profondément motivée?
Croyez-moi; mes lumières ne font pas
auffi courtes qu'on le fuppofe : quand
l'intérêt m'éclaire, je ne le cède à perfonne ; je fuis un des plus puiffans rai-
fonneurs de France ; & puis, mon cher
Seigneur, entre nous, vous regorgez.
Sçavez - vous que l'Abbaye du Bec,
ajoutée à vos autres poffeffions, pouvoit effaroucher le Roi ? Vous me parlez des fcandales des *Economats* que
j'ai faignés jufqu'au blanc ; j'admire
votre délicateffe : oh! comme votre
doctrine eft verfatile ! Ne m'avez-vous
pas dit cent fois : « Ne foyez jamais
» arrêté par un fcandale ; c'eft un
» monftre de convention bourgeoife
» qui n'a rien de réel, & que chaque
» jour l'habitude atténue ; l'imbécile
» Clergé s'accoutume à tout ». Soyez
donc d'accord avec vous-même ; je fuis
littéral, moi je n'entends pas les nuances. Lorfque vous m'avez marqué un
point-d'appui, je m'y attache : fi vous
me travaillez en fens contraire, vous
gâterez tout ; je ne fuis pas auffi lefte

& auffi mobile que vous. Sur ce point, mon cher Prélat, vous êtes donc encore très-injufte & très-inconféquent.

Mais je vais plus loin, une des opérations les plus critiques & les plus épineufes, c'eft la tenue des Audiences; tromper le Roi n'eft rien : fa bonté, fa droiture eft toujours de moitié avec moi ; la fûreté de mon jeu fut établie dès le fecond travail. Mais tromper le Public, eh! quel Public? Une foule de Confpirateurs infatigables qui fe donnent le mot tous les huit jours pour venir épier les penfées, les intentions d'un Miniftre, & s'imaginent voir tomber des Abbayes, des Prieurés, des Penfions à chaque fyllabe qu'il prononce. Il faut manœuvrer feul contre tous ces vifages d'attente, modifier l'efpérance fans l'éteindre, tenir en haleine le défir fans le rendre confiant & préfomptueux. Il faut donner du corps à de vains fons, de l'importance à un fourire vague, de la confidération & du poids à un coup-dœil diftrait ; il faut enfin étourdir fur le paffé, endormir fur le préfent, raprocher, faire toucher de la main un avenir qui n'arrivera jamais. Oui, Monfeigneur,

le Démon du menfonge, lui-même,
y feroit embaraffé quelquefois. Voilà
le cours d'impofture & de fauffeté dont
vous m'avez jugé capable, eh bien!
n'ai-je pas rempli votre efpoir? Quel
eft l'homme honnête & vertueux qui
peut fe vanter de m'avoir furpris une
promeffe articulée, à laquelle j'ai été
fidéle. On me tâte, on me tend des
piéges ; malgré mon épaiffeur, je me
replie, je gliffe dans les doigts, j'ai
des paquets tout prêts que je diftri-
bue, des hachures, des coupons de
Dialogue ou grave ou careffant, que
je proméne dans toutes ces oreilles
élargies par l'efpérance & qui n'y laiffent
qu'un vain bruit. En général tout mon
maintien eft calqué fur le moule que
vous m'avez deffiné, je hazarde peu,
pour dire moins de fotifes ; j'imite la
prudence de Sganarelle, qui avant de
parler Latin, s'affure d'abord que
l'homme à qui il s'adreffe, ne l'entend
pas ; fi je fuis pouffé dans un détroit
inévitable, & forcé à une difcuffion,
je ne fouffre pas alors qu'on me fixe ;
je ne préfente que le profil ; j'échappe,
par des mouvemens adroits, à la pour-
fuite d'un œil opiniâtre qui devineroit

le secret des miens ; tantôt j'affiche la
bonhomie, tantôt la gaîté ; &, par
une transition brusque, je me retran-
che tout-à-coup dans des formes niaises
& insignifiantes ; en un mot le singe
le plus exercé de la Foire, n'a pas
plus de variété, plus de souplesse ;
aussi les observateurs ne sçavent où se
prendre, je congédie tout mon monde
la bouche entr'ouverte : l'œil incertain,
le cœur, la tête & les mains vuides.
Scene sublime ! Monseigneur, plus piquante, plus original que celle de ce
Jérôme Pointu, dont tout Paris s'est
engoué : j'ai voulu le voir par jalousie de métier ; ma supériorité saute
aux yeux, l'insolent Anonyme a
crayoné mes Audiences ; c'est une des
parties de son infernal tableau la plus
exacte & la mieux grouppée : vous y
avez donc vû mon apologie, & vous
m'en dites à peine un mot. Pourquoi
n'avez-vous pas, du moins, applaudi
à cette sçavante conduite ? L'impar-
tialité ne vous prescrivoit-elle pas de
lire ces désolantes *Lettres* à charge &
à décharge ? Mais je vous avertis que
j'ai épuisé tous les *lazzis* auxquels vous
m'aviez façonné ; je sens que je me

répéte ; je touche au ravaudage
d'un Miniftre ufé qui fe traîne fur fa be-
fogne, & la fcene fe rafroidit ; en un
mot j'ai befoin de provifions, envoyez-
moi quelques Sentences, quelques maximes fraîches, adaptées à la circonftance, qui rajeuniffent mon jeu & ré-
veillent l'intérêt ; fans cette précaution, je vous déclare que mes audiences tomberont, quoique j'aye diminué
les rendez-vous des Jeudis pour ravi-
tailler mes Antichambres, ou enfler
le Spectacle du Mercredi ; vous m'ac-
cufez de préfomption & d'audace ; ou
je ne m'y connois pas, mon cher Mentor, ou le détail de cette manœuvre
prouve autant d'adreffe que de retenue & de circonfpection.

Voulez-vous de la décence ? J'ai
prévenu vos confeils ; j'ai fenti qu'il
étoit convenable de me replier ; l'épar-
pillement me fatiguoit un peu : on n'eft
pas de fer; &, depuis l'honnête arrangement de la petite Tante, fur lequel
il faudra bien que le Public entende raifon, j'ai cédé mon ménage du Marais
à mes Grands-Vicaires; cette réforme
eft encore affez bonne pour eux, &
tout le monde eft content. J'ai porté

même cette politique plus loin ; vous vous rappellez que dans notre jeuneſſe les maraudeurs de Bénéfices pratiquoient le Confeſſeur de mon prédéceſſeur, l'ancien Evêque de Mirepoix. Cette troupe affamée aſſiégeoit, tous les jours, les Miſſions Etrangères dans l'eſpérance de faire un fourage général : je ne ſçais ſi, depuis votre ſortie du Séminaire, vous avez connu cette eſpèce de *Confident* qu'on nomme un Confeſſeur ; il y a des momens où il eſt difficile d'échapper à ſes petites adreſſes ? Moi , j'ai prévenu cette féduction ; je n'ai point de Confeſſeur ; j'ai fermé cette porte à l'intrigue batarde ; voilà, ſi je ne me trompe, de la prévoyance.

Voulez-vous de la fermeté? N'ai-je pas réſiſté de front à un grand Seigneur qui me demandoit de la meilleure foi du monde, un Evêché pour un de ſes parents, tout pétri, me diſoit-il, de zèle & de vertu ; le mal-adroit ! Sçavez-vous ce que je lui ai répondu ? En vérité , Monſieur le Duc, vous n'êtes pas au courant ; *que voulez-vous que je faſſe d'un homme qui a de la Religion comme un Curé ?* Avouez que le mot eſt joli, il

me vint tout de fuite, le Duc étourdi plia
les épaules, je ne l'ai pas revu. Humeur à
part, mon cher Archevêque, analifez
froidement cette conduite & jugezz
moi ; qu'attendez-vous, qu'exigez-vous
de plus ?

Mais venons à ce qui vous touche
perfonnellement, comme fondateur
d'une religion nouvelle, & replaçons-
nous au premier moment de notre confédération.

Quel étoit votre objet, lorfque vous
m'avez porté au Miniftère de la *Feuille* ?
Vous vouliez féculariſer, en quelque
forte, l'Evangile ; en éteindre l'efprit ;
changer les habitudes religieuſes ; décrier ce que vous appellez les petites
mœurs, qui nourriſſent & propagent
une piété crédule : &, en deſſéchant
infenfiblement toute la fubftance de la
Religion, lui donner une forme purement civile & politique ? Tel étoit votre projet ; ma tête Bretonne en fut vivement frappée ; avec le bon fens de
mon pays, & l'inftinct de mes goûts
naturels, je vis toute la porté de cette
grande penfée : plus de follicitude, plus
d'entraves, plus de gêne ; de l'adminiftration par-tout, de la vertu nulle

part. Cela me parut charmant, & je
me félicitai avec cinq ou six Prélats
adeptes d'être né à l'heureuse époque
où *Etienne-Charles* alloit répandre sur
la France cette merveilleuse lumière ;
vous ne pouviez pas tout faire, vous
aviez manqué la *Feuille*, ce lévier nécessaire à la révolution ; il fallut vous
assurer d'une main fidéle qui dirigeât
ce lévier conformément à vos vues,
& vous me jugeâtes digne de cette
confiance ; je l'etois en effet, même
dégoût du Ministère Saint, même horreur de la résidence, même ardeur de
conquête sur la vieille Eglise dont j'avois
toujours en secret contesté les titres,
quoique je ne les eusse jamais exami-
nés, & j'avois, de plus que vous, un
tempéramment de feu qui me pressoit
d'imaginer avec le ciel quelques *ac-
commodemens* ; vous aviez donc fait
le meilleur choix possible. Mais, mon
cher Seigneur, chacun porte son caractère dans la place qu'il occupe : le
vôtre tortueux, insinuant, facile,
prend la forme & le pli des circonstances : moi, je crois vous l'avoir déjà
dit, je n'entends pas les manœuvres
de chicane : quand une fois j'ai ga-

gné le vent, je cours à toute voile ; aussi n'ai je pas à me reprocher quatre nominations incohérentes ; tout mon Ministère est parfaitement d'accord, & vous m'en faites un crime. Expliquez-vous donc ? Voulez-vous ou ne voulez-vous pas vous rendre maître du Clergé, dominer le corps Episcopal, vous affranchir des minutieux devoirs de cette Religion dont vous retiendrez les solides honneurs ? parlez : étoit-ce là votre premier vœu, votre premier objet ? J'ai dû, certainement, vous prendre au mot : en conséquence j'ai balayé la tranchée tout obstruée d'*Evangelizans*, exalté les espérances des plus mauvaises têtes, mis les mœurs au rabais, fatigué toutes les vertus, découragé tous les talents, doté tous les scandales ; je vous le demande, connoissez-vous quelques moyens plus efficaces pour accélérer *le grand œuvre* ? Et vous m'accusez de déconcerter vos projets, tandis que je leur sacrifie, je ne dirai pas ma conscience (elle ne se mêle pas de cela) mais, pour parler la langue vulgaire, l'estime & la considération publique. Est - il une injustice plus criante ?

Comment falloit-il donc s'y prendre ? En vérité vous acheveriez de me rendre fou : je conçois à merveille vos regrets fur le Siége de Paris, tous les Cordons Bleus du monde ne formeroient enfemble qu'un vain appareil pour cette éternelle plaie. Si le choix eût tombé fur vous, nous aurions infailliblement mené la révolution au galop ; pouvez-vous, de bonne-foi, élever des doutes fur mes intentions ? Vous avez donc oublié mes fçavantes difpofitions, le tirage adroit des Prélats propofés, les notes d'éxclufion finement attachées à chaque fujet éligible, ingrat ! je me reproche un tort, je l'avoue, celui de vous avoir fait concourir avec la vertu ; mais c'eft le tort de l'habitude que vous m'avez fait prendre. Accoutumé, d'après vos confeils, à la compter pour rien, comment prévoir cette circonftance unique ? Elle pourroit être à craindre. Et puis, mon cher Seigneur, vous mettez donc à part la réclamation générale au feul foupçon de votre nomination. Vous parlez de réputation ? Ah ! croyez-moi, tâchons d'oublier tous deux qu'il y a une renommée, croyons que tout eft fourd

& muet ; il eſt bien temps aujour-
d'hui, de compoſer *des Rituels*, d'afficher *des Actes ſynodaux* ? Je vous
avois prédit que vous ne tromperiez
perſonne ; eh-bien ! ai-je deviné juſte ?
Cet impitoyable faiſeur de *Lettres* n'a-
t-il pas mis en pouſſière le gros *in-
quarto* dont vous vous étiez coëffé
comme de l'armet de Membrin ? Que
vous reſte-t-il ? La gloire, de l'eſprit
& du talent ? Hélas ? mon cher Prélat ; cette gloire s'efface & le ridicule
reſte.

Ne nous reprochons rien, & tra-
vaillons de concert à rallier nos troupes ;
ſur-tout ne citez plus le *Concordat* ; ne
le citez jamais ce mot, même en fureur. Vous m'avez bridé comme un
oiſon : je l'ai ſenti ; &, comme les
Traités n'obligent les Puiſſances que
quand elles ſont foibles, je ſuis ren-
tré dans le droit commun, lorſque le
pouvoir a été dans ma main : ſi vous
appellez cela du *caractère*, vous pouvez être tranquille ; l'axiôme que vous
m'avez recommandé coule dans mes
veines avec mon ſang, je ne recule jamais. Ma tête n'eſt ſi agile ni ſi féconde que la vôtre ; mais, je ne ſçais,

peut-être fuis-je plus arrondi que vous
dans mes conceptions, plus fubftan-
tiel, plus folide. Ma raifon, il eft vrai
n'eft pas toujours d'à plomb. J'ai dé-
robé ce fecret autant que je l'ai pu,
tout ce qui m'environne, me fert à
merveille; lorfque je fuis fou, j'ai
la goutte, c'eft le mot : mais ce mot
eft devenu le mot du Public il n'y a
donc plus rien à gagner, à vouloir foutenir *l'incognito* : il m'eft impoffible aujourd'hui d'extravaguer en bonne fortune ; d'après cela, comme la bienfaifance générale eft dans ce moment
fort à la mode, j'ai imaginé de propofer un prix extraordinaire pour le
meilleur traitement de la *Folie de famille intermittente , mêlée de quelques
crifes de fureur.* Le prix fera l'une
des prébendes des Chapitres de Flandre,
affectée aux gradués en Médecine. C'eft
m'afficher, je le fçais Le reméde qu'on
effaie pourtant d'abord aux premiéres
Loges de Bicêtre, agira peut-être fur
moi, à contre-fens ; mais que faire ?
Le mal prend tant d'empire & de malignité, que je fuis forcé de jouer à
quitte ou double.

J'efpère, mon cher Archevêque, que

vous ferez content de cette apologie ;
elle doit vous convaincre , du moins ,
que l'efprit du Triumvirat n'eft point
affoibli dans votre Ami , & qu'*Omar*
eft toujours digne de *Mahomet*. Tout
à vous.

    †Yves-Alexandre, Ev. d'Autun.

F I N.